Hasan M. Dudin

Arabischer Sozialismus

Zwischen Marx und Mohammed

IMPRESSUM

1. Auflage, August 2016

© 2016 Mey Dudin, 12045 Berlin

Umschlag, Illustration: Mey Dudin

Internet: http://www.mey-dudin.de

E-Mail: mail@mey-dudin.de

ISBN-13: 978-1535162869

ISBN-10: 1535162864

Diese bescheidene Arbeit widme ich dem Personal der Station C des Westberliner Krankenhauses Oskar-Helene-Heim, dessen freundlicher Hilfe es zu danken ist, dass ich dort während meiner langen Krankheit dieses Manuskript schreiben konnte.

Hasan M. Dudin

(Widmung von 1976)

Mein besonderer Dank geht an

Ad und Gertrud Konings

sowie

Gerald Drißner,

die zum Gelingen dieses Buches

beigetragen haben.

Mey Dudin

Inhalt

Vorwort

Als ich in einer Kiste mit Andenken an meinen Vater stöberte, stieß ich auf diese Schrift. Hasan Mustafa Dudin war Palästinenser, linker Aktivist und Journalist, der zum Studium nach Deutschland kam, dort meine Mutter, eine promovierte Biologin, kennenlernte, und später mit uns in den Libanon zog, um sich der PLO anzuschließen. Seine Schrift handelt von dem arabischen Sozialismus-Experiment.

Heute dominiert die Religion das Leben in der Region. Zu jener Zeit, in der Hasan aufwuchs, war das anders. Als Schüler im Gazastreifen – damals von Ägypten verwaltet – erlebte er, wie Gamal Abdel Nasser erst die Ägypter, dann die anderen Araber und schließlich Menschen auf der ganzen Welt für sich einnahm. Da Hasan aus einer damals säkularen Politikerfamilie stammte, befasste er sich früh, mit den verschiedenen linken Bewegungen. Religionen interessierten ihn lediglich wegen ihrer Auswirkung auf Gesellschaften. Politisch setzte Hasan seine Hoffnungen vor allem in die syrische Baath-Partei. Zu Unrecht – wie wir heute wissen.

Der folgende Text ist als persönliche Analyse eines Zeitzeugen zu verstehen. Er entstand im Jahr 1976 zu einer Zeit, in der sozialistische Bewegungen in der arabischen Welt eine bedeutende Gegenkraft zur panislamischen Strömung waren. Diese Schrift stellt die wichtigsten Ideen, Organisationen und Protagonisten des Arabischen Sozialismus vor. Sie geht auf zugrunde liegende Theorien ein – etwa von dem bedeutenden Gelehrten Ibn Khaldun. Sie zeigt auf, wo die arabische Form des Sozialismus von den kommunistischen Lehren Abstand nimmt und warum gleichzeitig sowohl der Koran als auch Karl Marx darin Platz finden. Sie beschreibt, in welchen Ländern die islamistischen Strömungen erfolgreich waren, in welchen die politischen. Und sie liefert Erklärungen dafür, warum selbst ein arabischer Held wie Nasser mit dieser Idee scheiterte.

Dieses Buch liefert neben dem historischen Überblick auch Erklärungsansätze für die heutige Zeit: Es beschreibt, warum religiöse Strömungen in Ägypten schon immer besonders stark waren, wie der Rassismus der Baath-Partei im Irak die Spaltung der dortigen Gesellschaft vorantrieb und wie in Syrien eine Minderheit die Regierungsgeschäfte übernahm und fortan über eine andersdenkende Mehrheit herrschte.

Bei diesem Buch handelt es sich um den Originaltext – behutsam überarbeitet, in der Rechtschreibung an aktuelle Regeln angepasst und um einige Fußnoten ergänzt. Den ausgewählten Daten und Fakten zu einigen arabischen Ländern habe ich aktuelle Zahlen beigefügt. Die Transkription der arabischen Namen handhabe ich pragmatisch: Ich schreibe sie so, dass man sie im Internet einfach wieder findet.

Mey Dudin, Berlin, August 2016

Über den Autor

Hasan M. Dudin, geboren 1944 in Palästina.

Machte das Abitur im Gazastreifen und zog als Stipendiat zum Studium nach Deutschland. Lernte zunächst Deutsch am Dolmetscher-Institut in München. Später journalistische Ausbildung bei der „Saarbrücker Zeitung".

Anschließend Studium an der Freien Universität in Berlin (Magister im Fach Publizistik). Dissertation zum Thema „Symbole der Asabiyya – bewusste und unbewusste Solidarität". 1970 bis 1977 zudem als freier Journalist tätig für deutsche und arabische Medien, dann Umzug nach Beirut, Libanon, wo er sich der PLO anschloss.

Gründer und Chefredakteur des Magazins Samed al-Iqtisadi, Zeitschrift der „Arbeitsorganisation Palästinensischer Märtyrer" – die die Produktion von Kulturartikeln und Agrar-Produkten in den Flüchtlingscamps organisierte und zur bedeutenden Einnahmequelle der PLO wurde.

Nach Beginn der israelischen Invasion des Libanons verließ er 1982 gemeinsam mit Tausenden PLO-Kämpfern – angeführt von Jassir Arafat – das Land und wurde mit dem Schiff nach Tunesien gebracht.

Er verstarb 1984 nach schwerer Krankheit.

Über die Herausgeberin

Mey Dudin, geboren 1974 in Westberlin. Kindheit in Beirut, Libanon. Später in Heidelberg Abitur gemacht. Studium der Geschichts- und Kommunikationswissenschaften in Berlin. Volontariat bei einer deutschen Nachrichtenagentur, dann Politik-Redakteurin in Berlin. Zuletzt Korrespondentin der Nachrichtenagentur dpa für die Arabische Welt.

Zur Einordnung

Der Palästinenser Hasan Mustafa Dudin, Autor dieses Buches, lebt in der Zeit, in der er die Analyse verfasst, in Westberlin. Es ist das Jahr 1976 – der Vietnamkrieg ist gerade vorüber, in Deutschland kündigen sich aber schon die Ereignisse des Deutschen Herbstes (1977) an. Ulrike Meinhof wird in ihrer Zelle in Stuttgart-Stammheim erhängt aufgefunden. Ein „Kommando Che Guevara" aus Mitgliedern der Volksfront zur Befreiung Palästinas (PFLP) und der deutschen Revolutionären Zellen entführt ein Flugzeug, um Gefangene frei zu pressen – unter anderem Angehörige der Roten Armee Fraktion (RAF). Ein israelisches Spezialkommando befreit bei der „Operation Entebbe" die jüdischen Geiseln – nicht-jüdische Passagiere waren zuvor freigelassen worden.

Im Iran herrscht der Schah – es wird noch drei Jahre dauern, bis es zur islamischen Revolution kommt, die Ayatollah Ruhollah Khomeini an die Macht bringt. Dessen Siegeszug und finanzielle Unterstützung stärkt Islamisten in aller Welt. Gruppen wie die Hisbollah im Libanon versuchen, Khomeinis Modell auch in ihrer Heimat durchzusetzen. Der politische Islam beginnt, die sozialistische Ideologie an den Rand zu drängen.

In den USA wird Jimmy Carter Präsident. Drei Jahre später, 1979, wird unter seiner Vermittlung der ägyptisch-israelische Friedensvertrag geschlossen werden. Vor allem Palästinenser, aber auch viele andere Araber fühlen sich durch diesen Pakt verraten. Ägyptens Präsident Anwar Sadat – Mitunterzeichner des Friedensabkommens – wird 1981 von Islamisten erschossen.

Die arabische Nation erwacht

In den arabischen Staaten, vor allem denen des Nahen Ostens, findet heute ein tiefgehender Prozess der Umwälzung statt. Die Araber erwachen politisch aus einem tiefen Schlaf, zu dem sie die mehr als 500 Jahre währende Fremdherrschaft durch Osmanen, Engländer und Franzosen verdammt hatte. Die hektischen Bewegungen und die oft unverständlichen Töne der arabischen Nation sind denen eines Menschen, der nach unguten Träumen erwacht und den Schlaf noch nicht ganz abgeschüttelt hat, nicht unähnlich.

Wie bei allen Völkern, die lange unterdrückt wurden, ist das Bedürfnis, Versäumtes nachzuholen, sehr groß. Die Ideen und Methoden, die dabei angewandt werden, sind zahlreich und verschieden. Sie reichen von der ignoranten Ablehnung alles Fremdländischen, alles Importierten im politischen, gesellschaftlichen und kulturellen Bereich, bis zum krampfhaften Versuch, alles Moderne zu kopieren, um damit schneller voranzukommen.

Die Meinung des sudanesischen Staatschefs Jaafar al-Numeiri etwa, er habe den „Sozialismus auf den Straßen meines Landes gelernt" und bedürfe „keinerlei Belehrungen von außen", oder die Auffassung des libyschen Präsidenten Muammar al-Gaddafi, der alles importierte Denken bekämpft und glaubt, der Islam habe den Sozialismus „schon lange vor Marx" erfunden, sind solche Äußerungen dieses Halbschlafs, der Versuch, die eigene Identität „rein zu halten".

Die „arabischen Sozialisten", wie sie sich nennen, sind jene Gruppen der arabischen Nation, die am energischsten und entschiedensten versuchen, mit der Vergangenheit der Unterdrückung und Fremdbestimmung fertig zu werden und nach einer Perspektive für die Nation zu suchen. Sie sind freilich zerstritten und ähneln damit der Linken überall auf der Welt. Nirgendwo aber wie im arabischen sozialistischen Raum gibt es diese Kombination von Paradoxien, Komplexen und Aggressivitäten, aber auch Wissbegier, Eifer und Lernfähigkeit in den verschiedenen politischen Gruppierungen und Parteien. Um die Gründe dafür zu finden, müssen wir in die 500 Jahre während Unterdrückung der Nation zurückgehen; denn die meisten der heutigen Ideen und Parteien gehen auf jene Zeit zurück und hatten damals schon Wurzeln in den arabischen Massen geschlagen.

Unter der Kolonialherrschaft: Wiederbelebung des arabischen Nationalismus

Wenn hier von Nationalismus die Rede ist, dann ist nicht Chauvinismus gemeint. Der Nationalismus eines Volkes unter kolonialer oder halbkolonialer Herrschaft hat nichts zu tun mit dem Nationalismus oder Chauvinismus, der in Europa zwischen den beiden Weltkriegen herrschte und der seine Wurzeln im Imperialismus (oder im verhinderten Imperialismus der Besiegten) hat. Mit Nationalismus ist hier die Forderung nach Wiederherstellung der Volkssouveränität gemeint, die eine grundsätzliche Überprüfung der Stellung von Herrschern und Beherrschten erforderlich macht.[1] Dieser Nationalismus ist in allen Entwicklungsländern seiner Natur nach ein Element des Fortschritts.[2] Nationalismus in Asien, Afrika oder Lateinamerika, und also

---

[1] Hans Kohn: Die Idee des Nationalismus, Ursprung und Geschichte bis zur Französischen Revolution, Frankfurt/M 1962, S. 9

[2] Ebenda, S. 28

auch in Arabien, ist ein revolutionäres Element, Ansporn zur Revolution und Veränderung, nicht ein Bollwerk des Konservativismus, der Reaktion oder des Status quo.[3]

Im 18. und 19. Jahrhundert wurde dies auch von den sogenannten Fortschrittlichen der entwickelten Länder mit Kolonien nicht verstanden und – bewusst oder unbewusst – geleugnet. Sie forderten die Menschen in den Kolonien auf, doch bei den Mutterländern zu bleiben, „gleichberechtigt" mit ihnen zu leben und gemeinsam nach vorn zu schreiten. Laut und energisch predigten sie den Kosmopolitismus. Marx nannte diese Vertreter des Kosmopolitismus treffend Chauvinisten.[4] Er machte einen deutlichen Unterschied zwischen dem Internationalismus und dem Kosmopolitismus: Internationalismus ist nur möglich zwischen freien Völkern. Er bleibt eine Ideologie, also Kosmopolitismus, solange er zur Verschleierung von Herrschafts- und Ausbeutungsverhältnissen dient.[5]

Der Nationalismus in einem kolonialen oder Entwicklungsland ist also unter den herrschenden Verhältnissen eine fortschrittliche Idee, da er die Nation eint, das Volk mobilisiert, Herrschaftsverhältnisse infrage stellt.[6]

Wenn wir hier von arabischen Nationalisten sprechen oder einer nationalen Bewegung, so ist – zumindest bis zum Zeitpunkt der Gründung der arabischen Staaten – diese marxistische Auffassung von Nationalismus gemeint. Unter der Herrschaft der Osmanen war es äußerst kompliziert, eine nationale arabische Bewegung ins Leben zu rufen. Die Osmanen waren Muslime wie die meisten Araber auch

---

3   Rupert Emerson: From Empire to Nation, The Rise of Nationalism of Asian and African Peoples; Boston 1964, S. 206

4   Marx-Engels-Werke, Bd. 31, Berlin/DDR 1965, S. 228f

5   Horace B. Davis: Nationalism and Socialism, Marxist and Labor Theories of Nationalism to 1917; London 1967, S. 13

6   Franz Fanon: Die Verdammten dieser Erde, Frankfurt/M 1966, S. 68ff

und die Unterdrückung geschah also durch muslimische Brüder. Sicherlich gab es dabei ideologische Schwierigkeiten, vor allem bei der Auslegung der islamischen Orthodoxie. Aber eine Lösung war schnell gefunden. Denn der islamischen Orthodoxie zufolge ist es notwendig, dass ein Kalif aus dem Stamme des Propheten Mohammed, das heißt aus dem Stamme Quraisch in Mekka kommen muss; nur diesem Stamme kommt das Kalifat zu. Aber die Hofhistoriker des osmanischen Kalifen fanden alsbald eine Lösung. Sie zimmerten für ihre Herren eine gefälschte Genealogie zurecht, die deren arabische Herkunft bis auf die Propheten zurückverfolgte – und so konnten die Osmanen ihre „arabischen Brüder" korangerecht unterdrücken.[7]

Die osmanische Herrschaftsform war eine der primitivsten, brutalsten und unmenschlichsten überhaupt. Wo immer die Osmanen eine Kolonie errichteten, verursachten sie menschliche und kulturelle Wüsten. Widerstand war kaum möglich, die koloniale Herrschaft zudem religiös abgesichert. Erst im frühen 19. Jahrhundert begannen daher Unabhängigkeitsregungen der Araber unter osmanischer Herrschaft. Fahnenträger der Idee waren die wenigen Araber, die die Chance hatten, in Europa zu studieren und mit dem dort aufbrechenden bürgerlichen Geiste in Berührung zu kommen.

Einer der ersten und bedeutendsten dieser arabischen Nationalisten war der Ägypter Rifaa Tahtawi. Tahtawi, der eine Weile in Paris studiert hatte, wollte zuerst nicht nur den Arabern helfen, sondern allen Völkern des Islam, sich „aus dem Schlaf der Lässigkeit" heraus zu winden[8], wurde aber schließlich der erste arabische Nationaldenker von

---

7   Bassam Tibi: Nationalismus in der Dritten Welt am arabischen Beispiel, Europäische Verlagsanstalt, Frankfurt/M. 1971, S. 63

8   Karl Stowasser: At-Tahtawi in Paris, Ein Dokument des arab. Modernismus aus dem frühen 19. Jahrhundert; Dissertation, Münster 1966

Rang. Als Erster sprach er von den Arabern im weltlichen Sinne. Nationale Bindungen waren für ihn höher als religiöse. Er gilt als der Schöpfer der arabischen Nationalliteratur, eines neuen Genres – der Wataniyaat-Literatur (patriotischer Literatur). Er schrieb und übersetzte (vor allem aus dem Französischen) mit großer Produktivität. Sein Leitmotiv war der Patriotismus im modernen bürgerlich-europäischen Geist.[9] Seine Bedeutung für den arabischen Nationalismus kann nicht hoch genug eingeschätzt werden, denn erst die Ersetzung der religiösen durch die nationalen Bindungen machte den Kampf gegen die osmanische Herrschaft möglich.

Aus ganz anderer Sicht opponierte ein anderer Mann, der auf der arabischen Halbinsel lebte, gegen die Herrschaft der Osmanen: Der Religionsgelehrte Muhammad Ibn Abdul Wahhab (1703 bis 1792). Er erklärte, dass nur die Araber in der Lage seien, den Islam wiederzubeleben. Er gründete die Bewegung der Wahhabiten und verbündete sich mit dem Stamm der Sauds, der seine Idee bis in die vierziger Jahre dieses Jahrhunderts mit Waffengewalt durchzusetzen suchte.[10] Man sieht, dass die beiden arabischen Linien – die reaktionäre der königlich regierten Staaten, die sich auf die Erneuerung des Islams gründen, und die Linie der republikanischen Staaten, die zwar nicht atheistisch sind, aber eher national denn religiös – eine lange Tradition haben.

Nach Tahtawi versuchten in Ägypten ein Religionsgelehrter und sein Schüler – Gamal al-Din Afghani (1838 bis 1897) und Muhammad Abduh (1849 bis 1905) – sein Werk fortzusetzen und den Islam für den nationalen Kampf zu aktivieren: Sie propagierten, der Islam sei eine antikolonia-

---

9   Rifaʿa Tahtawi: Kitab Manahij Alalbab al-misriyya fi Mabahij aladab al-asriyya; Kairo 1912
10 R. Hartmann: Die Wahhabiten, in: Zeitschrift der Deutschen Morgenländischen Gesellschaft, Bd. 78 (1924), S. 176ff

listische Religion und forderten zum Kampf gegen die Fremdherrschaft auf.

Hier sollten wir einhalten, ehe wir fortfahren, und festhalten:

Die beiden waren Ägypter, und Ägypten war zu dieser Zeit schon eine britische Kolonie, während die arabischen Gebiete Großsyriens noch unter der osmanischen Herrschaft litten. Die beiden Ägypter appellierten daher an die religiösen Oppositionsgefühle und nicht an die nationalen. Von daher ist auch schon die Trennung zu sehen, die die Araber bei ihrem antikolonialistischen Kampf auf zwei Wege führte: auf den panislamischen und den panarabischen Weg. Mühte sich Rifaa Tahtawi darum, die Araber zu einer arabischen Nation werden zu lassen, so proklamierte Gamal al-Din Afghani alle Muslime – unabhängig von ihrer ethnischen, sprachlichen oder kulturellen Herkunft – zu einer islamischen Nation.[11] Ist Ägypten und der Süden der arabischen Halbinsel also der Geburtsort des Panislamismus, so ist Großsyrien – also das heutige Syrien, Palästina, Jordanien, Libanon und der Irak – die Geburtsstätte des arabischen Nationalismus.[12]

Die Idee des Nationalismus wurde von den Kontakten zu Europa und von der Arbeit der verschiedenen christlichen Missionen stark beeinflusst. Das libanesische Küstengebiet entwickelte schon im 16. Jahrhundert enge Beziehungen zu Europa. Die Bewohner dieses Gebietes waren häufig zu Christen geworden und von daher zumindest geistig vom Loyalitätszwang zur Herrschaft der Osmanen befreit. Diese christlichen Araber, wie auch die Christen in Palästina, Syrien, Jordanien und dem Irak, beurteilten die Osmanen

11   Nikki Kedie: An Islamic Response to Imperialism, Political and Religious Writing of „Al-Afghani"; Berkeley-Los Angeles 1968
12   Bassam Tibi: ebenda, S. 80

und ihre religiös motivierte Herrschaft kritischer und standen fortschrittlichen Ideen und Entwicklungen aus Europa aufgeschlossener gegenüber. Die russisch-orthodoxe und die amerikanisch-protestantische missionarische Tätigkeit begünstigte die Ausbildung eines arabisch-nationalen Einflusses unter den christlichen Arabern am stärksten.[13]

Erste Phase: Literatur und Nationalismus

Der Kampf gegen die Fremdherrschaft wurde zuerst mit den Mitteln der Literatur geführt. Erster Vertreter dieses literarischen Kampfes war der arabisch-christliche Philologe Nasif Yazigi (1800 bis 1871), der zur Wiederbelebung der arabischen Literatur entscheidend beitrug. Der Literat des arabischen Nationalismus schlechthin aber wurde der gleichfalls arabisch-christliche Philologe Butrus Bustani aus Syrien (1819 bis 1883). Sein großes Werk zur Revitalisierung der arabischen Literatur und Kultur trug alle Merkmale eines kämpferischen Nationalismus.[14] Bustani erkannte, dass Schreiben und Agitieren eines einzelnen Mannes, so bedeutend er auch sein mag, nicht zur Mobilisierung der Massen führt. Es mussten Organisationen gegründet werden, um die Mehrheit der syrischen Muslime für den Kampf gegen die osmanische Herrschaft zu gewinnen. Bustani gründete daher die Gesellschaft für Literatur und Wissenschaft, die vordergründig literarischen Zwecken diente, tatsächlich aber die erste arabische Geheimorganisation für den politischen Kampf war. Die ersten Mitglieder der Gesellschaft waren allerdings ausschließlich christliche Araber. Aber schon die Nachfolgeorganisation, in der

---

13 A.L. Tibawi: American Interests in Syria 1800 – 1901, A Study of Educational, Literary and Religious Work; London 1966

14 Hanna Fakhuri: Tarikh al-adab al-arabi (Geschichte der arabischen Literatur); Beirut 1960

Bustanis Gesellschaft aufging, vereinte Christen, Muslime und Drusen: die Syrische Wissenschaftliche Vereinigung.

Bustani war unentwegt in Sachen arabischer Agitation unterwegs. Im Jahre 1863 gründete er die erste weltliche Schule Syriens, die Patriotische Schule. In Beirut wurde eine Hochschule gegründet, an der er sein Werk fortsetzte. Evangelische Missionare gaben das Geld für diese 1868 geschaffene Institution, aus der die ersten arabischen Nationalisten-Generationen hervorgingen. Sie gibt es noch heute als American University in Beirut.

Der erste politische Theoretiker des arabischen Nationalismus schließlich, so schreibt es der Historiker George Antonios, wurde der Sohn von Nasif Yazigi, Ibrahim Yazigi. Er verfasste politische Gedichte und Aufrufe gegen den osmanischen Kolonialismus, die auf den geheimen Sitzungen der „Syrischen Wissenschaftlichen Vereinigung" verlesen wurden. Sein bekanntestes politisches Gedicht begann mit der Zeile: „Erhebt Euch, Araber, Erwachet!"[15]

Zweite Phase: Der politische Kampf

Nachdem die Literaten den Boden dafür bereitet hatten und ihre Gedichte verbreitet wurden, begannen politische Agitatoren, die Araber mit der Idee eines eigenen Staates, einer eigenen arabischen Identität und einer eigenen Nation zu konfrontieren. Wichtig war, dass auch führende islamische Araber zur Überzeugung gelangt waren, dass mit den Osmanen gebrochen werden musste. Der syrische Christ Adib Ishaq (1856 bis 1885) aber war der Erste, der einen radikalen Bruch in der politischen Theorie des arabischen Nationalismus vollzog, als er die innere arabische

---

15 Abdarrahman Bazzaz: Hadhihi qaumiyyatana (Das ist unser Nationalismus), Kairo 1964, S. 374ff

Autonomie im Osmanischen Reich, wie sie bisher meist gefordert wurde, ablehnte und erklärte, dass eine Nation nur frei sein könne, wenn sie die Freiheit ganz errungen habe und wenn alle Menschen, die die Nation bilden, frei seien.

Einen gewaltigen Anstoß erhielt die antiosmanische Bewegung der Araber durch die Revolte der Jungtürken im Jahr 1908.[16] Die Liberalisierung der türkischen Herrschaft verstärkte allerdings diejenige Richtung des arabischen Nationalismus, die für einen Verbleib im osmanischen Staatsverband eintrat und lediglich die innere Autonomie der arabischen Nation forderte. Die Autonomisten, unter ihnen arabische Militärs wie der Ägypter Aziz al-Masri und der Iraker Muhammad Schaukat, gründeten eine Vereinigung, die sie den Bund der arabisch-osmanischen Verbrüderung nannten. In den nächsten Monaten schossen ähnliche Gründungen aus dem Boden, begünstigt durch die Zerschlagung des bisher allmächtigen Spitzelapparates des Geheimdienstes von Sultan Abdülhamid II. durch die Jungtürken.

Die Hoffnungen der Autonomisten freilich schwanden schnell dahin. Die Jungtürken machten klar, dass die Modernisierung des zerrütteten osmanischen Regimes lediglich den Zweck hatte, das morsche Reich zusammen zu halten und nicht, den Vasallenvölkern die Freiheit zu geben. Der militante Nationalismus der Jungtürken trat die legalen Pflänzchen des arabischen Nationalismus brutal nieder. Die Organisationen, die Autonomie forderten, wurden

---

16 JUNGTÜRKEN: Nationaltürkische Reformpartei mit pan-islamischen Zielen. Zwangen Sultan Abdülhamid II. 1908, die von ihm suspendierte Verfassung wieder in Kraft zu setzen. Später übernahmen sie für einige Jahre die Regierungsgeschäfte.

verboten, die wichtigsten Mitglieder, wenn man ihrer habhaft werden konnte, verfolgt und ins Gefängnis geworfen.[17]

Die Bünde und Organisationen des arabischen Nationalismus gingen wieder in den Untergrund. Die Gruppen, die für eine Verbrüderung zwischen Türken und Arabern eintraten, verloren angesichts der politischen Realitäten ihre Anhänger und ihre Bedeutung. Die Unterdrückungsmaßnahmen der Türken vor allem gegenüber den christlichen Arabern ließen keinen Zweifel, dass an eine Autonomie nicht zu denken war.

Zum wichtigsten Geheimbund im Untergrund wurde bald der Jungarabische Bund, 1911 von syrischen Studenten in Paris gegründet und bald mit vielfältigen Verbindungen nach Arabien versehen. Der Bund hatte eine straffe Organisation und Mitglieder von erheblicher Militanz. Die Türken wandten alle Mittel auf, um ihn zu zerschlagen. Sie konnten zahlreiche Mitglieder verhaften und durch Folterungen Verbindungen aufdecken; es gelang ihnen aber nie, den Bund ganz zu unterdrücken.

Auch arabische Offiziere, die im türkischen Heer dienten, mussten ihre Aktivitäten in den Untergrund verlegen, so der schon genannte Ägypter Aziz al-Masri. Er und andere gründeten 1913 den Konventionsbund – ausgerechnet in der türkischen Hauptstadt Konstantinopel, aber natürlich im Untergrund.[18]

Die arabischen Geheimbünde des nationalen und des national-religiösen Zweiges erhielten angesichts der weltpolitischen Konstellation und der auf einen Weltkrieg sich zuspitzenden internationalen Situation Hilfe aus dem Ausland. Vor allem Frankreich bemühte sich um enge Bindun-

---

17   G. Jäschke: Die Jungtürken, in: Die Welt des Islam, Bd. 23 (1941), S. 1-55

18   Schilbi Schumail: Die arabische Linke, Frankfurt/M 1969, S. 16f

gen zu den arabischen Nationalisten. Geduldet von der französischen Regierung fand 1913 in Paris der erste Kongress der anti-türkischen, arabischen Organisationen statt. Anwesend waren sowohl christliche wie muslimische Araber. Es gab erhebliche Meinungsverschiedenheiten, wobei die alte Frage – volle Unabhängigkeit oder Autonomie innerhalb des türkischen Reiches – wieder eine große Rolle spielte. Die meisten christlichen Gruppen waren für die volle Unabhängigkeit, einige islamische Gruppen träumten noch von einer „Freiheit in der islamischen Bindung". Aber für die Jungtürken war auch diese Forderung nicht akzeptabel: Nach dem Kongress nahm die türkische Repression in den arabischen Gebieten noch zu.[19]

Ganz gleich aber, ob die Bünde und Vereinigungen für die volle Freiheit oder für die Autonomie eintraten: Sie trugen alle zur Bewusstwerdung der arabischen Massen bei, halfen, den Arabern Identitätsbewusstsein zu geben, konnten jedoch – programmlos wie sie waren – keine kämpferisch vertretbare Perspektive bieten.

Zudem weckte die arabische Agitation mit Hilfe ausländischer Freunde und Gelder mehr und mehr die Begehrlichkeit neuer potentieller Kolonialherren: der imperialistischen Mächte des Westens.

Ein Kapitel dieser Aktivitäten war die Revolte des Scherifen[20] von Mekka, Hussein ibn Ali, gegen die Türken mit Hilfe der Briten, die den Scherifen wie den Aufstand für ihre eigenen Zwecke missbrauchten. Die Episode ging in die Literatur und Filmgeschichte der westlichen Welt unter

---

19 Hellmut Ritter: Die Abschaffung des Khalifats, in: Archiv für Politik und Geschichte, Bd. 2 (1924), S. 346

20 SCHERIF: Titel der Nachkommen des Propheten Mohammed. Die Scherifen von Mekka kontrollierten über Jahrhunderte die heiligen Stätten.

dem Stichwort „Lawrence of Arabia"[21] ein. Die Revolte Husseins vom Stamme der Haschemiten blieb ohne Resonanz. Er selber wurde, wie sein Stamm, von den Wahhabiten, also dem Stamm der Sauds, aus der arabischen Halbinsel vertrieben. Einige Söhne Husseins wurden von den Briten später entschädigt, indem Großbritannien sie zu Königen in Transjordanien und im Irak machte, als das osmanische Reich zusammengebrochen war. Hussein selbst starb im englischen Exil.

Die Revolte des Haschemiten-Scherifen wie alle anderen Bewegungen und Bünde zuvor, konnten nicht mehr (aber auch nicht weniger) erreichen, als die nationalen Gefühle der Araber zu erwecken. Dies konnte nicht anders sein, da alle diese Bewegungen nur politische Bewegungen im engeren Sinne des Wortes waren und keine sozialen oder gesellschaftlichen Perspektiven enthielten. Im Grunde ging es immer nur um eine mehr oder weniger formale Unabhängigkeit von den Türken. Die Nützlichkeit dieser Bewegungen war zweifellos gegeben, ihr Charakter aber war stets konservativ. Die Führer des frühen arabischen Nationalis-

---

21 LAWRENCE: Britischer Agent des in Ägypten residierenden englischen Hochkommissars Henry McMahon. Thomas Edward Lawrence bereitete das am 24. Oktober 1915 geschlossene Abkommen Husseins mit McMahon vor. Danach sollte Hussein mit arabischen Truppen gegen die Türken kämpfen, die Engländer garantierten Hussein dafür die Bildung eines feudalen arabischen Einheitsstaates unter Führung der Haschemiten nach dem Sieg gegen die Türkei. Die militärische Operation wurde als „Aufstand in der Wüste" bekannt, Law-rence zu seinem überdimensionalen Helden, obwohl nur am Rande beteiligt. Ein halbes Jahr später schlossen Frankreich und England ein Geheimabkommen (Sykes-Picot), das die Aufteilung arabischer Regionen zwischen den beiden imperialistischen Mächten vorsah: Libanon und Syrien zu Frankreich; der Irak, Haifa und Akkon sowie Jordanien zu England. Palästina sollte neutralisiert werden. Anderthalb Jahre später versprach der britische Außenminister Arthur James Balfour dem Zionistenführer Lionel Walter Rothschild Palästina.

mus waren in der Regel die Söhne von Führern reicher Stämme oder reicher Kaufmannsfamilien, die aus einsichtigen Gründen die türkische Konkurrenz loswerden und in einem Aufwasch damit auch gleich das Vaterland befreien wollten. Die Interessen des Vaterlandes waren dabei stets die Interessen des eigenen Hauses oder des eigenen Stammes. Sie standen gedanklich, gesellschaftlich, oft auch kulturell Paris und London näher als den Bauern und Arbeitern der eigenen werdenden Nation.[22]

22 Anis Sayigh: Die Haschimiten und die große arabische Revolte; Beirut 1966

Sati Husri:
Kampf gegen Engländer und Franzosen

Zu den wichtigsten Vertretern der neuen Genera-tion arabischer Nationalisten gehört Sati Husri, einer der angesehensten arabischen Kämpfer gegen die britische und französische Kolonialherrschaft und für die Einheit der arabischen Völker. Er muss der „Lehrer der neuen arabischen Generation" genannt werden.

Husri (1882 bis 1968) hat in seinem Leben zahlreiche hohe Positionen in Politik, Diplomatie und Gesellschaft Arabiens bekleidet. Er war Minister, Gesandter und verantwortlich für Kultur bei der in Kairo ansässigen Arabischen Liga.

Das Schlüsselerlebnis für Husri war eine Begegnung mit dem französischen General Henri Gouraud. Der Franzose besetzte mit seinen Truppen 1917 den Libanon und machte sich auf den Weg, um auch Syrien der französischen Einflusssphäre einzuverleiben. Sati Husri kam zu Gouraud als Vertreter des kurzlebigen Königs Faisal von Syrien, um Verhandlungen aufzunehmen. Der französische General, ein Rassist und Araberhasser, behandelte Husri wie ein Stück Dreck. Husri hat die Demütigungen des Franzosen nie vergessen.

Husri war der Auffassung, dass nationales Bewusstsein vor allem durch nationale Erziehung zu erreichen sei. Seine Schriften sind in allen arabischen Staaten verbreitet, seine Bücher gehören zur Pflichtlektüre in arabischen Schulen und Universitäten. Er wurde damit zum „Philosophen des arabischen Nationalismus".[23] Er beeinflusste die meisten arabischen Bewegungen und Parteien, die stets auf seine Theorien zurückgriffen. Husri beeinflusste selbst die bedeutendste arabische Partei, die Baath.

Husri lebte lange Zeit im Irak, der seine innere Autonomie (von den Briten, die zur Mandatsmacht nach der Niederlage der Türken im Weltkrieg wurden) schon 1922 erlangte und zur vorübergehenden Heimat vieler arabischer Nationalisten wurde, die in den anderen arabischen Staaten Verfolgungen ausgesetzt waren. Husris Philosophie stützte sich auf den 1322 in Tunesien geborenen arabischen Geschichtsphilosophen Abdurrahman Ibn Khaldun. Ibn Khalduns Hauptwerk „Muqaddima" (Prolegomena) wurde vom britischen Kulturhistoriker Arnold Toynbee als das „in seiner Art größte Werk, das bisher von irgendeinem, irgendwann, irgendwo geschaffen worden ist", bezeichnet.[24] Nicht nur Toynbee, auch Lenin nannte Ibn Khalduns Werk begeisternd.[25] In der Tat ist Ibn Khalduns Werk für seine Zeit, aber auch bis in unsere Tage hinein, in seiner Art revolutionär.[26]

Ibn Khaldun (1332 bis 1406) entwickelte in seinem Werk die Theorie vom zyklischen Werden und Vergehen der „Asabiyya" (Zusammengehörigkeitsgefühl, Solidarität, Gruppentum), worunter die Einheit einer faktischen Abstammungsgemeinschaft, deren bewusstes Erfassen im Gemeingeist und der daraus erwachsende Einsatz dafür zu verstehen ist. Ibn Khaldun beschreibt verschiedene Formen der Asabiyya, beginnend mit dem gemeinsamen

23 Schibli Aisami: Haul al-Wihda al-arabiyya (Über den Panarabismus); Damaskus 1957
24 Arnold Toynbee: A Study of History, Vol III; London 1951, S. 322
25 Tayyeb Tisini: Entwurf zur neuen Betrachtungsweise des arabischen Geistes im Mittelalter; Damaskus 1971, S. 396
26 F. Rosenthal: The Muqaddimah, An Introduction to History, London 1958

Geist, der die Mitglieder eines Beduinenstammes oder einer städtischen Gruppe verbindet, bis hin zu dem umfassenden Gemeinschaftsbewusstsein, das trotz aller Zwistigkeiten alle zusammenhält, die zur großen Gemeinschaft, zur „Umma" (Volk, Nation) gehören. In diesen Gemeinschaftsbindungen ruht nach Ibn Khaldun die Kraft, in ihrem Verfall die Schwäche einer Nation.[27]

Auf diesen Philosophen und sein theoretisches Werk stützte sich Sati Husri. Er hatte es nicht leicht, denn viele arabische Nationalisten der Kolonialzeit waren nicht bereit, alte Theorien zu akzeptieren, da jeder von ihnen in Europa neues Wissen erworben hatte. Husri hatte sich mit zahlreichen Vertretern dieser modernen Richtung des arabischen Nationalismus auseinanderzusetzen, die für einen Verbleib der arabischen Staaten bei den Kolonialmächten Frankreich und England eintraten und für eine gemeinsame Entwicklung und gemeinsame Kultur – im Wesentlichen waren dies natürlich Vertreter der neuen Kapitalistenklasse.

Vor allem in Ägypten war es schwer, sich durchzusetzen. Panarabische Gedanken hatten sich in diesem Land nie entwickelt, die Idee des Panislamismus herrschte vor. Die Ägypter waren davon überzeugt, dass nur die Durchsetzung des Panislamismus sie von der Kolonialherrschaft befreien könnte und einer ihrer prominentesten Führer, Mustafa Kamil, nannte sich sogar „osmanischer Ägypter".[28] Panarabisten wie Husri stand Ägypten feindselig gegenüber. Kamil nannte die Panarabisten „Eindringlinge, die der ägyptischen Nation fremd sind".[29]

---

27 Ibrahim Haidari, in: Ali Al-Wardi, Soziologie des Nomadentums, Luchterhand 1972, S. 436

28 Fritz Steppat: Nationalismus und Islam bei Mustafa Kamil, Ein Beitrag zur Ideengeschichte des ägyptischen Nationalismus, in: Welt des Islam, Bd. 4 (1956), S. 288

29 Ebenda, S. 258f

An dieser Haltung hat sich in Ägypten wenig geändert. Die Ägypter sind immer noch leichter für pan-islamische Gedanken zu gewinnen als für panarabische. Militant-islamische Parteien mit faschistischer Grundhaltung wie die Muslimbruderschaft gewannen in Ägypten – und meist nur dort – viele Anhänger, nie aber – trotz Nasser – konnte in Ägypten eine panarabische Partei oder Bewegung richtig Fuß fassen.

Husri setzte seine panarabische Mission dennoch auch in Kairo fort und erlebte seinen persönlichen Triumph, als Nasser am 16. Januar 1956 Ägypten eine Verfassung gab, die den Gedanken des Panarabismus aufnahm. Er bemerkte allerdings dazu, dass der Inhalt dieser Verfassung etwa in Syrien eine „banale Selbstverständlichkeit" sei. Der Ausgangspunkt der ägyptischen Verfassung könne nur gewürdigt werden, wenn man wisse, dass „die Vorstellungen der Ägypter über nationale Fragen zu einem hohen Grad verzerrt waren. Sie schwankten stets zwischen dem Pharaoismus, dem ägyptischen Partikular-Nationalismus, dem Orientalismus und dem Panislamismus hin und her".[30] Husris Meinung hat über seinen Tod hinaus Gültigkeit behalten. Als er im Alter von 86 Jahren in Bagdad starb, trauerte die Arabische Welt. Seine Gedanken und Schriften, seine Wiederentdeckung Ibn Khalduns, haben die Entstehung neuer, fortschrittlicher arabischer Parteien erleichtert, wenn nicht sogar möglich gemacht, was sowohl auf die Arabische Sozialistische Baath-Partei als auch auf die Bewegung Arabischer Nationalisten zutrifft.

---

30 Sati Huri: Ara'wa ahadith fil-Qaumiyya al-arabiyya (Meinungen und Gespräche über den arabischen Nationalismus); Beirut 1964, S. 8

Die Baath:
Partei der arabischen Wiedergeburt

In Arabien nennen sich die meisten Offiziere, die an der Macht sind, ja gar manche Feudalherrscher, Sozialisten. Jeder sagt auch gern und häufig, woher er seinen „Sozialismus" hat. Jaafar al-Numeiri aus dem Sudan beispielsweise lernte ihn „auf den Straßen des Landes". Der libysche Vorsitzende Muammar al-Gaddafi fand sein „Kapital" in den Suren des Korans, der tunesische Staatschef Habib Bourguiba ist Eigenerfinder in Sachen Sozialismus und Ägyptens Gamal Abdel Nasser hatte eine Mischung aus Marxismus, Koran und Nasserismus parat.

Alle diese „sozialistischen Führer" haben eines gemeinsam: Sie diktieren ihren Sozialismus von den durch Putsch oder Revolution errungenen Machtpositionen der Staatsführung aus und machen ihre Beamten, Angestellten und Staatsbediensteten per Dekret zu Mitsozialisten. Von sozialistischem Wollen der Apparate oder von einer Überzeugung der Apparate durch die Chefs kann nie die Rede sein. So wundert es nicht, dass diese diktierten sozialistischen Regime in der Regel auch mit der Beseitigung ihrer Hersteller durch Putsch oder Revolution in der historischen Versenkung verschwinden.

Von dieser Regel wich die Baath ab. Ungewöhnlich für arabische Verhältnisse ist, dass sie ihre Anhänger an der Basis und durch Arbeit an der Basis gewann und dass sie dies aus einer Position der Schwäche und der Opposition heraus fertig brachte. Nur die arabischen Kommunisten können sonst noch von sich behaupten, Anhänger ohne die staatliche Unterstützung eines Apparates gewonnen zu haben.

Die Baath – das Wort bedeutet „Wiedergeburt" oder „Auferstehung" – wurde von Michel Aflaq in Syrien gegründet. Aflaq, lange Zeit auch Chefideologe seiner Partei, wurde in einer römisch-katholischen Familie in Damaskus geboren, wo er auch groß wurde und in die Schule ging. Anschließend zog er nach Paris, wo er von 1928 bis 1932 an der Sorbonne Geschichte studierte. Er war damals einer der ganz wenigen Araber, die an europäischen Hochschulen ihre Studien aufnahmen.

Nach Damaskus zurückgekehrt, schlug er die Lehrerlaufbahn ein, ein Beruf, der sich damals für politische Aktivitäten ungemein eignete.[1] Aflaq begab sich zuerst auf die Suche nach Ideen, erst dann auf die nach Anhängern, die er unter Schülern, Studenten und Lehrern in Damaskus fand. Acht Jahre nach seiner Rückkehr nach Syrien schien die Zeit für die organisatorische Festigung seiner Gesprächs- und Agitationszirkel gekommen. Der Name der Partei: „Al-Ihia" (Wiederbelebung). Der Name schien dem Kreis nach einiger Zeit zu medizinisch, so dass man bald den eher religiösen „Al-Baath" (Wiedergeburt) verwendete.

Erstmals machten die Freunde Aflaqs im Jahre 1941 von sich reden. Sie verteilten Flugblätter, in denen die Nachgiebigkeit syrischer Politiker gegenüber Frankreich attackiert wurde. Die Partei griff gleichzeitig die Kommunisten an, weil sie Demonstrationen für das antifaschistische Frankreich de Gaulles und für sein Bündnis mit Stalin organisierten zu einem Zeitpunkt, als Syrien noch französische Kolonie war.[2]

Die erste Chance, einem breiteren Publikum die eigenen Ideen erläutern zu können, kam im Juli 1943, als Parla-

---

[1] Kamel Abu Jaber: The Arab Baath Socialist Party, History, Ideology and Organization; Syracuse-New York 1966

[2] Michel Aflaq: fi Sabil Al-Ba'th (Für die Wiedergeburt); Beirut 1963

mentswahlen in Syrien anstanden. Da die Partei noch nicht zugelassen war, kandidierte Michel Aflaq als Unabhängiger. Mit Zeitungen, Flugschriften und Reden wurden die Ziele der jungen Partei erläutert.

Etwa so: „Wir verkörpern die wahre arabische Seele gegen den materialistischen Kommunismus, die lebendige arabische Geschichte gegen die verkommene Reaktion und den Scheinfortschritt, den wahren arabischen Nationalismus. Wie er dem wahren arabischen Charakter entspricht. Wir sind gegen den formalen Nationalismus. Wir sind die Vertreter der jungen arabischen Generation."[3]

Die Partei errang zwar keinen Wahlsieg, aber sie gewann Anhänger. Die Agitation konnte ausgeweitet werden und es wurden erstmals arabische Studenten gewonnen, die zwar in Syrien studierten, aber aus anderen arabischen Ländern kamen. So kam die Partei ihrem Ziel näher, von Anfang an in möglichst vielen Ländern Arabiens durch eigene Parteiorganisationen vertreten zu sein.

Als am 5. April 1947 die Partei offiziell im Kaffeehaus Al-Raschid in Damaskus gegründet wurde, waren 200 Delegierte anwesend, darunter auch einige aus Jordanien und dem Libanon. Die Versammlung diskutierte drei Tage lang das Programm der Partei, die Verfassung, und verabschiedete einige Forderungen.

Die wichtigsten waren:

- völlige Unabhängigkeit Syriens, Ablehnung jedes Pakts oder jeder Allianz mit Kolonialisten und Imperialisten.

---

3   Schiin Al-Aisami: Hisb Al-Baath Al-Arabi Allschtiraki (Die Arabische Sozialistische Baath-Partei); Beirut 1975

- Verabschiedung einer demokratischen Verfassung für Syrien, die die Freiheit der Parteigründungen und der Presse garantiert.

- Unterstützung der Befreiungsbewegungen und der Forderung nach der Vereinigung aller Araber im Kampf gegen Kolonialismus und Imperialismus.

Während der Diskussionen bei der Gründungsversammlung schälten sich unter den Delegierten drei Denkrichtungen heraus:

- Eine liberal-demokratische Richtung: Ihre Vertreter unter den Delegierten sahen die Hauptaufgabe der Baath im Kampf für die Errichtung einer parlamentarischen Demokratie und für die Schaffung moderner arabischer Staaten, in denen mehrere Parteien zugelassen sind. Die bürgerlichen Freiheiten, vor allem die Pressefreiheit, sollten garantiert sein. Die arabische Tradition, die islamische Prägung arabischer Sitten und Gebräuche sollten gepflegt und gefördert werden. Den Bürgern sollte das Recht auf Unantastbarkeit des Eigentums garantiert werden.

- Eine nationalistisch-rassistische Richtung: Ihre Vertreter äußerten die Ansicht, dass die arabische Nation eine besondere sei, die sich wegen ihrer besonderen Mission von allen anderen Völkern unterscheide. Die Partei habe der historischen arabischen Mission Rechnung zu tragen und müsse ihre Verfassung dementsprechend formulieren. Die Rassisten vertraten die Auffassung, dass in den zu schaffenden modernen arabischen Staaten zwar auch ethnische Minderheiten leben könnten, aber keine führende Rolle spielen dürften. Wenn sich ein arabischer Staat durch seine Minderheiten bedroht fühlen sollte, sollte er diese Minderheiten ausweisen. Die „Zwei-Bürger-Theorie" war nicht zuletzt dem sich gerade eskalierenden arabisch-zionistischen Gegensatz zuzuschreiben.[4]

- Eine sozialistische Richtung: Die Delegierten dieser Tendenz, die schließlich die Mehrheit auf der Konferenz stellten, vertraten die Ansicht, dass die Schaffung moderner arabischer Staaten nur auf der Grundlage des Sozialismus möglich sei. Sie forderten daher die Überführung der gesamten Wirtschaft ins Gemeineigentum und die Enteignung des Großgrundbesitzes zugunsten der Bauern.[5]

Die sozialistische Gruppe konnte sich bei der Formulierung der Verfassung der Baath im Großen und Ganzen durchsetzen. Allerdings hatten die Vertreter der beiden anderen Tendenzen noch Anhänger in der Partei, was zeitweise Schwankungen in der Linie verständlich macht. Die bedeutendsten Vertreter der liberalen und der rassistischen Richtung verließen aber nach und nach die Partei oder wurden ausgeschlossen, darunter die Parteigründer Michel Aflaq, Salah al-Din Bitar und Jalal al-Sayyed.

Nach Verabschiedung der Verfassung wandte man sich auf dem Kongress organisatorischen Fragen zu. Es sollten Parteiorganisationen in allen arabischen Ländern gegründet werden, die Partei sollte in jedem Land von einer regionalen Führung geleitet werden, alle regionalen Führungen in der arabischen Welt sollten einer nationalen Führung un-

---

4 Die Nationale Führung der Baath-Partei: Dirasah Tahliliyyah mugasa linidal Hisb Al-Baʿth Al-Arabi Al-Ischtiraki 1943-1971 (Kurze historische Analyse des Kampfes der Arabischen Sozialistischen Baath-Partei 1943-1971); Damaskus 1972

5 Jalal Al-Sayyed: Hisb Al-Baath Al-ʿArabi (Arabische Baath-Partei); Beirut 1973

terstellt sein. Zum ersten Generalsekretär und Leiter der nationalen Führung wurde Parteigründer Aflaq gewählt.

Baath und die arabische Einheit

Die Arabische Baath-Partei, wie sie sich anfangs nannte, erklärte die arabische Einheit und den Kampf für sie zum Hauptziel der Parteimitglieder. Es sah anfangs so aus, als ob man Einheit um jeden Preis meinte. Zum ersten Mal in der Praxis wurde das 1950 deutlich, als die Frage einer Vereinigung Syriens mit dem Irak anstand. Michel Aflaq war nun Minister in einer mehr oder weniger liberalen Regierung Syriens, in der allerdings die Großgrundbesitzer und die reichen Kaufleute dominierten. Der potentielle Vereinigungspartner, das haschemitische Königreich Irak, war eines der reaktionärsten arabischen Regime.

Aflaq wollte die Vereinigung unter der Bedingung akzeptieren, dass es den Massenorganisationen im Irak gestattet sei, so unbehindert zu arbeiten, wie in Syrien, was sicherlich eine Liberalisierung der irakischen Politik bedeutet hätte. Ein anderer Minister im Kabinett aber lehnte ab: Akram Horani. Er war Führer der Sozialistischen Partei Syriens, deren Anhänger hauptsächlich in der syrischen Stadt Hama konzentriert waren. Zwischen Aflaq und Horani waren zur gleichen Zeit Gespräche über eine Vereinigung der beiden Parteien in Gang gesetzt worden. Aflaq gab nach und förderte damit die Vereinigung mit den Sozialisten. Die vereinigte Partei nannte sich jetzt Arabische Sozialistische Baath-Partei. Sie übernahm die Verfassung der Baath. Die aktuelle Hauptparole lautete: Einheit, Freiheit, Sozialismus.

Die erste praktische Prüfung der Partei hatte gezeigt, dass besser die Parole der Freiheit vor der Einheit gestanden hätte.

Die zweite praktische Prüfung kam, als die Vereinigung mit Ägypten zur Diskussion stand. Am 23. Juli 1952 hatte eine Gruppe aus der ägyptischen Armee, die sich Freie Offiziere nannte, den korrupten König Faruk in einem unblutigen Staatsstreich abgesetzt und die Macht übernommen. Zwei Jahre lang wurde Ägypten von einem liberalen General geführt, der wenig Neigungen zeigte, den radikaleren Wünschen seiner jungen Offiziere nachzugeben. Dieser General, Muhammad Nagib, musste nun dem tatsächlichen Führer der Revolution Platz machen, Gamal Abdel Nasser.

Die Baath-Partei hatte der ägyptischen Revolution, solange sie an der Spitze Nagib hatte, misstrauisch gegenüber gestanden. Einmal hielt sie prinzipiell nichts von einer den Staat führenden Armee, zum zweiten fehlte ihr die panarabische Variante in Ägypten.[6]

Das Misstrauen schlug in Begeisterung um, als Nasser die Macht übernahm, panarabische Gedanken und Wünsche propagierte und den Kampf gegen den britischen Kolonialismus im Besonderen und den westlichen Imperialismus im Allgemeinen aufnahm. Die Partei war von Nasser so fasziniert, dass selbst ihr vorsichtiger Generalsekretär Michel Aflaq in einem Artikel den ägyptischen „Raies" (Chef) „unseren erleuchteten Führer" nennen wollte und erst auf

---

6   Taha Hussein: Mustaqbal ath-thaqafa fi Misr (Die Zukunft der Kultur in Ägypten), Kairo 1938. Die englische Übersetzung: The Future of Culture in Egypt, erschien in Washington 1950. Zum gleichen Punkt: Pier Cachia: Taha Husayn and His Place In the Egyptian Literary Renaisance; London 1956; M. Kern The Arab Cold War 1958-1967; London/ New York 1967; Fritz Steppat: Die arabischen Staaten zwischen Ost und West in: Wilhelm Cornides „Die internationale Politik", München 1961

das Drängen etwas nüchternerer Mitarbeiter die Erleuchtung strich.[7]

Am 20. April 1956 beschloss die Führung der Baath die Forderung nach einer Vereinigung mit Ägypten. Am 27. April erschien die Parteizeitung „Al-Baath" mit einer entsprechenden Schlagzeile und einer Spitzenmeldung auf Seite eins, in der es hieß:

„Die Führung der Arabischen Sozialistischen Baath-Partei diskutierte die Frage einer Vereinigung mit Ägypten. Sie bereitet einen Entwurf vor, der die Einzelschritte jeder Etappe auf dem Wege zur Vereinigung festlegt. Dies wird dem Volk vorgestellt werden, das darüber zu entscheiden hat. Und das Volk wird die Vereinigung sicherlich unterstützen."[8]

Die Parteiführer Akram Horani und Michel Aflaq machten sich für die Vereinigung mit Ägypten stark und erklärten, dass ihre Partei „nicht für eine Einheit um der Einheit willen" eintrete, sondern „für eine Einheit, die dazu dient, die Befreiung der noch unter Kolonialherrschaft leidenden Araber zu beschleunigen."[9]

Die Baath sah in der Vereinigung mit Nassers Staat einen „notwendigen Schritt, um Syrien vor den Verschwörungen des Imperialismus und der arabischen Reaktion zu retten".[10]

Die Anstrengungen der Baath hatten Erfolg. Die syrische Regierung wurde von der Nationalversammlung des Landes beauftragt, unverzüglich Verhandlungen mit Ägypten

---

7   Al-Ba'th, Damaskus Nr. 2/1959
8   Michel Aflaq: Ma'rakat Al-Masir Al-Wahid (Die Schlacht um das gemeinsame Schicksal); Beirut
9   Al-Ba'th, Nr. 12/1956
10 Elias Murqus: Geschichte der kommunistischen Parteien in der Arabischen Welt; Beirut 1964

zu dem Zweck aufzunehmen, die Vereinigung beider Länder herzustellen. Am 6. Juli 1956 bildete die syrische Regierung entsprechend dem Parlamentsbeschluss eine Verhandlungsdelegation, obwohl die syrische Reaktion mit allen Mitteln versuchte, die Vereinigung zu hintertreiben. Der Führer der Konservativen im Parlament, Adnan Atasi, brachten den Vorschlag ein, lieber mit dem irakischen Königreich zu verhandeln. Die arabische Begeisterung für Nasser hatte sich aber in Syrien bereits so durchgeschlagen, dass sich feudalistische und kapitalistische Interessen nicht durchsetzen konnten.[11] Die Baath hatte ihr Ziel erreicht. Im Februar 1958 wurden nach langwierigen Verhandlungen Syrien und Ägypten zur „Vereinigten Arabischen Republik" (VAR) zusammengeschlossen.[12]

Die Auflösung der Baath

Die Vereinigung mit Ägypten forderte schwere Opfer von Syrien, nicht zuletzt von der Baath selbst. Der gesamtarabische Präsident Nasser wollte neben seiner Nationalen Union keine andere Partei dulden. In Ägypten gab es schon keine Parteien mehr, aber in Syrien, wo es ein reichhaltiges und auf Traditionen gestütztes Parteienleben gab, mussten sich die politischen Gruppen entscheiden, ob sie sich selber auflösen oder in den Untergrund gehen wollten.

Die Baath, die die Vereinigung mit Ägypten durchgesetzt hatte, kam in eine besonders komplizierte Lage. Generalsekretär Michel Aflaq löste das Problem als Vorsitzender der

---

[11] Nagi Allusch: Al-Thaura waliamahir (Die Revolution und die Massen); Beirut 1973

[12] Ghassan Kanafani: Thaurat 1936-1939 fi Felistin: Chalfiyyat, watafasil watahlil (Revolution 1936-1939 in Palästina: Hintergründe, Einzelheiten und Analysen), Beirut 1974

Nationalen Leitung auf eine rüde Weise: Er erklärte in einer Rede, dass sich die Partei als aufgelöst betrachte.[13]

Zu dieser Erklärung hatte er keinerlei Vollmacht gehabt. Er konnte als Führer der nationalen Leitung nicht handeln, ohne die regionalen Leitungen, also die Parteien in Jordanien, dem Libanon, Irak, Libyen und anderen Ländern, konsultiert zu haben. Die Aflaq-Rede führte zu schweren Auseinandersetzungen innerhalb der Baath und sollte später zu seinem Parteiausschluss führen. Mit ihm gingen viele Prominente und Anhänger des liberalen und rechten Flügels der Partei.

Die Selbstauflösung der Baath, die in Syrien wirksam wurde, führte nicht zu dem erwarteten Entgegenkommen Nassers. Im Gegenteil. Die Baath und die Kommunistische Partei Syriens waren Parteien mit langen Erfahrungen und einer Massenbasis. Von Nassers Standpunkt aus waren sie nicht nur Konkurrenten, sondern sogar Gegner. Sie hatten vor allem eines, was Nassers Kunst-Gründungen fehlte: eine gut organisierte Basis.

In Syrien wiederholte sich also, was Nasser bereits in Ägypten praktiziert hatte. Er verlangte Loyalität, nicht Solidarität, hielt mehr von Gefolgschaft als von Freundschaft. Anhänger der Baath wie der KP wurden aus ihren Ämtern entfernt und verfolgt. Syrische Offiziere wurden nach Ägypten strafversetzt, dafür kamen ägyptische Offiziere nach Syrien, die das Land nur aus Zeitungen und Rundfunkmeldungen kannten. Journalisten mussten ihre Arbeitsplätze räumen, führende Schriftsteller konnten nicht mehr veröffentlichen und gingen ins Exil, meist in den Libanon.

---

13 Michel Aflaq: Dirasat fi Ischitirakiyyah (Studien im Sozialismus), Beirut

Die Folge war, dass das von den Linken geräumte Terrain religiöse Sektierer und Anhänger islamischer Gruppen einnahmen, aber auch Opportunisten, die im öffentlichen Dienst und in der Presse bald die Oberhand gewannen. Die intellektuelle Diskussion in der ansonsten auf hohem Niveau stehenden syrischen Presse hörte auf.

Die Begeisterung für die Vereinigung mit Ägypten machte einer tiefen Enttäuschung Platz. Und als eine reaktionäre Offiziersgruppe am 28. September 1961 putschte und die Vereinigung für beendet erklärte, gab es kaum Widerstand.

Die Baath-Partei musste nach der Trennung Syriens von Ägypten von Neuem beginnen. Am 5. Mai 1962 trafen sich Mitglieder der regionalen Leitung in Syrien und der nationalen Führung der Partei in der syrischen Stadt Homs und beschlossen den Wiederaufbau der Partei und den Beginn eines neuen Kampfes.

Ehe wir den weiteren Weg der Baath nach dem Neubeginn und dem Machtantritt von 1963 in Syrien verfolgen, wollen wir uns mit dem Verhältnis der Baath zu den Kommunisten Arabiens zuwenden. Die Entwicklung dieses Verhältnisses ist von erheblicher Bedeutung für das Verstehen des Baath-Sozialismus.

Die Baath und die Kommunisten

Das Verhältnis zwischen Baath und Kommunisten war bereits vor der offiziellen Gründung der Partei im Jahre 1947 von scharfen Auseinandersetzungen geprägt. Sie gingen nicht zuletzt auf die Haltung der Kommunisten während des Zweiten Weltkriegs zurück. Während die arabischen Länder noch Kolonien Englands und Frankreichs waren und während diese Kolonialmächte das Blut von Syrern,

Palästinensern und Libanesen vergossen, demonstrierten die Kommunisten für die Anti-Hitler-Koalition, also auch für Charles de Gaulle. Sie erklärten, dass Frankreich ein Recht habe, sich durch Landgeschenke die Freundschaft der Türkei für die Anti-Hitler-Koalition zu sichern und unterstützten deshalb die Abtretung des syrisch-arabischen Iskenderun an die Türkei, die von den Arabern als imperialistische Aggression verstanden wurde. Die Kommunisten zeigten keinerlei Verständnis für den arabischen Nationalismus, was inzwischen offiziell als Fehler zugegeben wurde und die kommunistische Politik entsprechend verändert hat.

Die Baath des Michel Aflaq bekämpfte die Kommunisten als Stalinisten und erklärte, ihre Aufgabe als Moskauer Arm sei es, die Vereinigung der arabischen Welt zu verhindern. Die Kommunisten würden zudem, so die Baath, ein unarabisches Verhalten zeigen, weil sie die Freiheit des Eigentums und die Freiheit des Individuums ignorierten.

Freilich gab es neben diesen vordergründigen Polemiken auch tiefersitzende Gründe, die die Konfrontation der Baath Partei mit den Kommunisten förderte: Die Kommunisten hatten ein durchgehendes Konzept und kein zusammengestückeltes und brachten die Agitatoren der Baath häufig in Verlegenheit, wenn sie nach den Besonderheiten des Arabischen Sozialismus fragten. Aflaq und ein Teil der Baath konzentrierten sich eine ganze Weile so sehr auf den Streit mit den Kommunisten, dass sie sich geradezu in eine dialektische Abhängigkeit von den Kommunisten begaben: Sie warteten auf ideologische Erklärungen der KP um danach zu erklären, warum sie nicht dieser und jener Auffassung seien, da ihr „der arabische Charakter fehle". Die Konfrontation zwischen Baath und Kommunisten ging allerdings nie soweit, dass eine der beiden Gruppen mit den arabischen Reaktionären gemeinsame Sache gegen die andere Seite gemacht hätte.

Als in Syrien zu Beginn des Jahres 1950 die Verfassungsgebende Versammlung eine Kommission mit der Ausarbeitung eines Grundgesetzes beauftragte, gab es in ihr heftige Diskussionen um diese Passage:

„Syrien strebt die arabische Einheit in Freiheit an und unterstützt den Kampf der Araber gegen den westlichen Imperialismus."

Die Vertreter der Rechten in der Kommission verlangten, dass zum westlichen Imperialismus auch der östliche in die Verfassung aufgenommen werden sollte. Der Vertreter der Baath lehnte das entschieden ab, worauf in die syrische Verfassung die Verdammung des Imperialismus ohne Angabe der Himmelsrichtung Eingang fand. Die Baath war die erste Partei im arabischen Raum, die gegen jede Bindung an den Westen kämpfte und den Begriff „Neutralität zwischen Ost und West" prägte.

Außerdem wurde die Sowjetunion von der Baath-Partei trotz aller Auseinandersetzungen stets als Freund betrachtet, während man in den westlichen Staaten immer Gegner sah, die die Arabische Welt bedrohten. Die Auseinandersetzungen zwischen Baath und Kommunisten wurden von Jahr zu Jahr schwächer, da beide den gemeinsamen Gegner in der gleichen Richtung verorteten. Zeitweise kam es sogar zu einer fruchtbaren Zusammenarbeit, die lediglich kurz, aber heftig, von blutigen Zusammenstößen im Irak unterbrochen wurde.

Dass Baathisten und Kommunisten schließlich zu einer gedeihlichen Zusammenarbeit fanden, ist im Wesentlichen auf zwei Gründe zurückzuführen:

1. Die Kommunisten übten Selbstkritik und änderten ihre Haltung zur arabischen Nation und zur nationalen Frage überhaupt.

2. In der Baath-Partei gewannen die sozialistischen Kräfte mehr und mehr an Gewicht, Liberale und Sozialdemokraten wurden aus der Partei verdrängt oder verloren an Einfluss.

Diese Entwicklung ermöglichte die Annäherung beider Parteien und eine enge Zusammenarbeit in Syrien, im Irak, im Libanon und – illegal – in Jordanien.

Der Sozialismus der Baath

Die Vorstellungen der Gründer der Baath-Partei über Sozialismus gingen, wie schon dargestellt, ziemlich weit auseinander. Während Michel Aflaq sich 1941 mit der philosophischen Feststellung begnügte, der Sozialismus sei „der Sieg des Lebens über den Tod", machten sich andere konkretere Gedanken darüber. Manche, wie der Mitbegründer der Partei und Rassist Jalal al-Sayyed, verstanden unter Sozialismus Landreformen, aber keine gesellschaftliche Umwälzung, die Mehrheit der Parteigründer war für den wissenschaftlichen Sozialismus. Diese Mehrheit konnte sich auf der Gründungsversammlung der Partei durchsetzen.

Der Sozialismus als Wirtschaftssystem wurde in der Verfassung der Partei verankert: In Paragraph 4 wird festgestellt, dass der Sozialismus eine „unentbehrliche Ergänzung des Panarabismus" darstelle. In den Paragraphen 26 bis 38 wird dies näher erläutert und die Wirtschaftspolitik der Partei erklärt.

In der Verfassung heißt es:

1. Die Reichtümer eines Landes sind Eigentum des Volkes. (§ 26)

2. Die Ausbeutung der Arbeitskraft durch andere ist zu unterbinden. (§ 28)

3. Die Verteilung der Reichtümer muss neu und gerecht vorgenommen werden. (§ 27)

4. Der Staat besitzt und kontrolliert alle größeren Industrien, Bodenschätze, Handel und Landwirtschaft. (§ 29 und 36)

5. Der Grundbesitz wird auf das beschränkt, was der Besitzer selbst nutzen kann. (§ 30 und 33)

6. Die Arbeiter sind an der Leitung ihrer Fabriken zu beteiligen und auch an den Gewinnen dieser Fabriken. (§ 32)

7. Ein Industrialisierungsprogramm soll die materielle Basis des Sozialismus schaffen, Planwirtschaft ist die Leitungsform. (§ 37)

8. Medizinische Versorgung ist für alle Bürger sicher zu stellen. (§ 39)

9. Arbeit ist für alle arbeitsfähigen Menschen Pflicht. Der Staat hat das Recht auf Arbeit sicherzustellen. (§ 40)

10. Klassenunterschiede und Klassenprivilegien sind zu beseitigen. (§ 42)

11. Die Parteiverfassung stellt fest, dass diese Ziele nicht durch „langsame Reformen", sondern nur durch „Revolution" erreicht werden können und müssen. (§ 7)

Die Gründungsversammlung der Baath-Partei einigte sich darauf, dass Sozialismus für die Baath nur ein Wirtschaftssystem ist und nicht wie in den kommunistischen Staaten auch Gesellschaftssystem. Es ist offensichtlich, dass dies ein Kompromiss war zwischen den drei politischen Richtungen, die auf der Versammlung anwesend waren. Diese Kompromissatmosphäre der Gründungsversammlung war auch in der Parole der Partei manifestiert, die lautet: Einheit, Freiheit, Sozialismus. In der Praxis sollte sie später, nach dem Scheitern der VAR, genau umgekehrt werden, nämlich: Sozialismus, Freiheit, Einheit.

Baath und Klassenkampf

Die Baath bekannte sich nicht von Anfang an zum Klassenkampf. Man erkannte zwar, dass die Großgrundbesitzer und Kapitalisten ihre Reichtümer und Privilegien nicht kampflos an die Mehrheit der Araber übergeben würden, aber diese Erkenntnis führte nicht dazu, dass man den Klassenkampf als Mittel der Revolution erkannte oder propagierte. Dass ein Teil der Gegner der Baath sterben müsse, wenn sie selber Gewalt anwenden um die Revolution zu verhindern, war der Baath klar. Aber die Revolution selber sollte möglichst ohne Gewaltanwendung vor sich gehen.

Der Gründer der Baath und ihr langjähriger Führer Michel Aflaq meinte, den Sozialismus mit Hilfe zweier Klassen verwirklichen zu können: der Arbeiterklasse und der Intellektuellenklasse (er nannte die Intelligenz „Klasse", was im Arabischen auch „Schicht" heißen könnte). Ohne die Zusammenarbeit dieser beiden Klassen könne der Sozialismus nicht verwirklicht werden. Die arabische Gesellschaft teilte Michel Aflaq grob in zwei Oberklassen bzw. Gruppen auf:

die „Ausbeuter" und die „Ausgebeuteten". Der Platz seiner Partei sollte auf der Seite der Ausgebeuteten sein.

Aflaq erkannte die Notwendigkeit des Kampfes zwischen den zwei von ihm genannten Oberklassen, aber er wollte ihn auf keinen Fall so verstanden wissen, wie es Marxisten verstehen: Der Kampf gegen die Ausbeuter geschieht nämlich nach Aflaq nicht nur, weil diese die anderen Menschen wirtschaftlich ausbeuten und unterdrücken, sondern weil die Ausbeuter auch alles tun, um den Kampf für die nationale Befreiung zu sabotieren und als Helfershelfer ihre eigenen Länder weiter unter der Herrschaft der Kolonialmächte halten, da die Kolonialmächte die besten Garanten für die Herrschaft der nationalen Ausbeuter sind.

Der Baath-Gründer meinte, dass diese anti-nationale Haltung der Ausbeuterklasse gravierender sei als ihre wirtschaftliche Macht an sich: Weil sie für den Kampf um die nationale Befreiung ein Hindernis sind, müssen sie beseitigt werden. Dies lässt sich nach Aflaq nicht erreichen, ohne die wirtschaftliche Macht der Ausbeuter zu beseitigen.

Aflaq erkannte allerdings die Gefahr, dass die nationale Bourgeoisie und andere Vertreter der Oberschicht sich an die Spitze des nationalen Befreiungskampfes stellen könnten, um nach dem Erringen der Unabhängigkeit an der Spitze des Staates zu stehen und ihre Interessen besser vertreten zu können. Er warnte vor solcher Gefahr: Die Führung des Befreiungskampfes dürfe niemals dieser Ausbeuterklasse überlassen bleiben.

Diese Warnung Aflaqs und der Baath war nicht zu Unrecht erhoben worden. In vielen arabischen Staaten hatten sich schließlich Feudalisten an die Spitze von nationalen Befreiungsbewegungen gesetzt und führten sie in neue Abhängigkeiten.

In Palästina etwa brachte der reaktionäre, religiöse Führer Amin Husseini[14] den Aufstand der Palästinenser gegen britischen Kolonialismus und Zionismus (1936 bis 1939) zum Scheitern und machte mit Kolonialisten und Zionisten gemeinsame Sache, indem er führende Vertreter der palästinensischen Arbeiter ermorden ließ, wie Zionisten und Briten dies auch mit jüdischen und arabischen Kommunisten und Sozialisten taten.

Michel Aflaq hielt es zudem für eine besondere Qualität des arabischen Sozialismus, dass dieser „im Gegensatz zum Kommunismus Brutalität und Gewalt ablehnt". Diese Tatsache, so Aflaq, sei der größte Unterschied zwischen Baathisten und Kommunisten.

Die Praxis der Machtübernahme durch die Baathisten allerdings, vor allem im Irak, war dann ganz anders, Brutalität und Gewaltanwendung waren in erschreckendem Maße vorhanden. Die syrischen Baathisten konnten seinen Vorstellungen noch am meisten entsprechen, da ihre Machtübernahme und ihre Regierungszeit in der Tat beinahe ohne Gewaltanwendung verlaufen sind. Bemerkenswert ist allerdings, dass Aflaq heute mit den Baathisten im Irak und nicht mit denen in Syrien sympathisiert.

Die meisten Gründer der Baath-Partei lehnten jedoch Gewalt nicht ganz ab. Wenn die Feudalherrscher und Kapitalisten ihrerseits Gewalt anwenden, müsse man „die Tötung einiger hundert Großgrundbesitzer durchaus in Kauf nehmen".

---

14 AMIN HUSSEINI: bekannt als Großmufti von Jerusalem, der enge Kontakte zu Hitlers Nazi-Deutschland pflegte.

Baath und Freiheit

In der Frage der Freiheit des Individuums in einer sozialistischen Gesellschaft bestehen gravierende Unterschiede zwischen Baathisten und Kommunisten.

In der Praxis sieht das natürlich anders aus als im Programm, da die Freiheit des Individuums in den von Baathisten regierten arabischen Staaten Syrien und Irak auch eingeschränkt ist. Die Theoretiker der Baath halten einen Sozialismus ohne individuelle Freiheit für unarabisch. Die Freiheit des Individuums nennt die Parteiverfassung „heilig". Auch die Freiheit derjenigen, die zwangsläufig von einer Baath-Regierung unterdrückt werden müssen, nämlich der Ausbeuter, sollte möglichst nicht stark beschnitten werden. Sie sollen zwar enteignet werden und dürfen nur das behalten, was sie für ihren Lebensunterhalt und den ihrer Familien brauchen, aber ansonsten können sie unbehelligt leben und arbeiten.

Der Bürger im Baath-Staat soll Eigentum haben, die Presse müsse frei sein, denn „nur freie Menschen können wahre Sozialisten sein", wie Michel Aflaq feststellte. Eine Beschneidung der Freiheit des Einzelnen führe „zur Lähmung der schöpferischen Fähigkeiten des Menschen und zur Tötung des Menschen in ihm".

Aus diesen Gründen wollten die Gründer der Baath ein Parlament beibehalten, falls sie an die Macht kommen, damit unterschiedliche Vertreter des Volkes die Arbeit der Regierung kontrollieren und die Freiheit der Bürger verteidigen können. Nur im Wirtschaftsbereich sollten einigen Geschäftsleuten „schwere Ketten angelegt werden, damit die negativen Auswirkungen (ihres großen Eigentums) ausbleiben".

Baath an der Macht

Die Baath-Partei regiert heute in zwei arabischen Staaten: im Irak und in Syrien. Vertreter der Partei hatten sich zwar früher an Regierungen in Syrien, im Libanon, in Jordanien und im Irak beteiligt, jedoch niemals führend.

Die Machtübernahme der Baath im Irak vollzog sich am 8. Februar 1963, als Offiziere, die der Partei angehörten, mit Sympathisanten das Regime des Generals Abdul Karim Kassem stürzten.

Die Machtübernahme der Partei führte jedoch nicht dazu, dass die Parteiführung die führende Position übernahm, um das Parteiprogramm durchzusetzen. Vielmehr versuchte der rechte Flügel der Partei, mit militärischer Unterstützung, so schnell wie möglich mit der Linken kurzen Prozess zu machen, um weitreichende sozialistische Reformen zu verhindern und die rassistische Baath-Variante im Umgang mit den Kurden durchzusetzen.

Die Vertreter der Rechten innerhalb der Baath waren mächtig genug, um die Verhandlungen mit den Kurden zum Scheitern zu bringen und gemeinsam mit irakischen Nationalisten mit reaktionärer Gesinnung am 18. November 1963 allein die Macht zu übernehmen. An die Spitze des Staates setzte man zwar den General Abdul Salam Arif, der wahre Machthaber aber war der Rassist Ali Saleh al-Saadi.

Der Putsch der Rechten innerhalb der Baath geschah mit einem schrecklichen Blutbad. Kommunisten und linke Baathisten, Nasseristen und Nationalisten wurden ermordet.

Die Vertreter der beschriebenen Rassistenrichtung innerhalb der Baath waren keineswegs geneigt, soziale Reformen, geschweige denn sozialistische, durchzuführen. Der Irak erlebte unter ihrer Herrschaft seine schwerste Krise seit der Beseitigung der Monarchie im Jahre 1958.

Am 17. Juli 1968 wurde die rassistisch-nationalistische Tendenz der Baath im Irak gestürzt und „neue Baathisten" übernahmen die Macht. Die neuen Machthaber setzten zu Beginn ihrer Herrschaft die Tradition ihrer Vorgänger fort und auch das Morden. Besonders der führende Kopf der neuen Gruppe zeigte keinerlei Rücksichten bei der Konsolidierung der Herrschaft seiner Gruppe: Saddam Hussein.

Saddam Hussein schuf ein Klima des Terrors, in dem keiner wagte, Kritik zu üben oder Widerstand zu leisten. Der Präsident des Irak, General Ahmed Hassan al-Bakr, sorgte währenddessen dafür, dass die Armee des Landes nicht gegen den wild gewordenen Zivilisten intervenierte.

Nach über drei Jahren des Terrors begann eine Liberalisierung des irakischen Systems. Die Kräfte der Baath, die eine linke Ideologie und die sozialistische Baath-Tradition vertraten, konnten sich mehr und mehr Gehör verschaffen. Hilfe erhielten sie, als die irakische Führung anderen fortschrittlichen Kräften eine Beteiligung an die Macht anbieten musste. Kommunisten, Nasseristen und Baathisten regieren seitdem gemeinsam, allerdings unter Führung einer in Flügel zerfallenen Baath. Immerhin wurden seitdem zahlreiche einschneidende Reformen in der Landwirtschaft, der Industrie und in der Infrastruktur des Landes durchgeführt. Die soziale Sicherung und der Lebensstandard der Bauern und Arbeiter wurden erheblich verbessert, es gibt immer mehr Spielraum für Meinungsäußerung und Kritik.

Trotzdem kann von einer realen Verwirklichung des Programms der Baath im Irak keine Rede sein. Der schwerkranke Staatschef al-Bakr wird bald seinem Stellvertreter Saddam Hussein Platz machen müssen. Ob gerade der den Traum der Partei von einer sozialistischen Gesellschaft in einer parlamentarischen Demokratie verwirklichen will, darf bezweifelt werden. Allerdings wird eine Machtverlagerung zugunsten der Parteibasis unvermeidlich werden, wenn die Armee, die linken Verbündeten der Baath und die Sozialisten in der Partei selbst Front gegen Hussein machen sollten, womit nach dem Abtreten des Generals al-Bakr zu rechnen ist.

In Syrien, dem zweiten arabischen Staat, in dem heute die Baath regiert, übernahmen Mitglieder und Sympathisanten der Partei am 8. März 1963 die Macht. In Syrien, dem Kernland der Partei, hatte die Baath immer mehr Mitglieder und Anhänger und eine gute Organisation. Die Machtübernahme war unblutig wie meist in Syrien, das trotz zahlloser Staatsstreiche seine Führungselite auf diese Weise erhielt, auf der Rechten wie auf der Linken.

Die Rechte innerhalb der Partei versuchte nach der Machtergreifung der Baath die Herrschaft ganz an sich zu reißen und die Linke von der Machtausübung fernzuhalten. Die sozialistischen Forderungen der Basis wurden abgeblockt, die Sozialisten in der Partei verfolgt und diskriminiert. Die Ausschaltung der Linken war freilich nicht physisch möglich, dazu war sie zu stark. Auf zwei Parteitagen, Anfang 1964 und im Frühjahr 1965, kam es zu heftigen Auseinandersetzungen zwischen den beiden Flügeln der Partei. Keiner aber konnte eine überragende Mehrheit erzielen, beide Parteitage endeten mit Kompromissen.

Am 23. Februar 1966 wurde die Rechte in der Spitze der Partei endgültig geschlagen. Die Vertreter der Rechten gingen fast alle in den Irak, darunter auch ein Teil der Gründer, so der Generalsekretär der nationalen Führung, Michel Aflaq, wo er noch heute lebt und politisch tätig ist. Die Auseinandersetzungen zwischen dem Irak und Syrien – für viele unverständlich, weil doch in beiden arabischen Staaten die Baath regiert – resultieren nicht zuletzt aus dieser Entscheidung der syrischen Parteiführung, sich von der rassistisch-nationalistischen und bürgerlich-liberalen Tendenz in der Baath zu trennen.

Die Durchsetzung der sozialistischen Baath-Tendenz in Syrien wurde vom 9. Parteitag der regionalen syrischen Partei, der zwischen dem 10. und dem 27. März 1966 tagte, abgesegnet. Der 9. Parteitag verurteilte die bisherige Parteilinie und den Personenkult um einige Parteiführer. Er erklärte, dass „der Sozialismus die einzige Antwort auf die Korruption und die reaktionäre Gesinnung im Lande" sei.

Die Auseinandersetzung in der Partei war aber nur scheinbar endgültig entschieden. Die Führung der regionalen Partei in Syrien, nur aus Syrern bestehend, sah in den Mitgliedern der Partei, die aus anderen arabischen Ländern wie Jordanien, Libanon oder Palästina stammten, aber in Syrien leben mussten, weil sie in der Heimat verfolgt wurden, Baathisten zweiter Ordnung und diskriminierte sie entsprechend. Die Herablassung gegenüber diesen Baathisten schloss den Missbrauch des Geheimdienstes für persönliche Zwecke nicht aus. Hier zeigte sich die Stärke der Baath, ihre gute Organisation, ihre Verankerung in der Basis und das Bewusstsein der Basis: Die Parteikader beschlossen die Entfernung ihrer bisherigen Führung. Am 16. November wurde die alte Führung der Baath aus allen Ämtern in Staat und Partei entfernt, die reale Linke war endlich an der Macht.

An den Auseinandersetzungen der letzten Jahre war der jetzige Staatschef Hafez Assad jeweils beteiligt, zuletzt war er der Sprecher der Basis, die sich 1970 gegen die Führung erhob.

Seit der Machtübernahme der Linken und einer Gruppe von Sozialdemokraten in der Baath-Partei Syriens geht Syrien entschlossen einen arabisch-sozialistischen Weg, der sich nicht nur durch die Verabschiedung einer Reihe gesetzgeberischer Maßnahmen ausdrückt, sondern durch eine prinzipielle Veränderung der Strukturen des Landes.

Die Bauern, die Arbeiter, die Handwerker, die Studenten und andere Berufsgruppen haben Massenorganisationen gebildet, die die Arbeit der Regierung und der Partei kontrollieren und anregen. Die Gewerkschaften und die Genossenschaftsbauern haben eine eigene Presse, genau so wie die Studentenunion. Per Gesetz wurden die Bodenschätze, die Industriebetriebe und der Außenhandel verstaatlicht. Die Landreform wurde endgültig durchgesetzt, der Boden der Großgrundbesitzer an die Bauern aufgeteilt, es wurden Produktions-, Absatz- und Verbrauchergenossenschaften gegründet. Die medizinische Versorgung für die Lohnabhängigen und die Bauern wurde erstmals sichergestellt, ein Elektrifizierungsprogramm für das Land außerhalb der großen Städte zur Verbesserung der Lebensbedingungen der Landbewohner begonnen.

Mit dem Konzept der Medinat al-Thaura wurde erstmals auf arabischem Boden eine sozialistische Stadt geschaffen: Arbeiter und Bauern wohnen in modernen Häusern, haben Genossenschaften und Betriebe unter ihrer Kontrolle und verwalten ihr Gemeinwesen durch einen Arbeiter- und Bauernrat, natürlich unter Anleitung der Partei.

Die Baath hat in Syrien die Kommunisten und die fortschrittlichen Nationalisten zur Bildung einer Koalitionsregierung eingeladen. Erstmals wurde statt eines bürgerlichen Parlaments eine Volksvertretung gewählt, in der alle linken und fortschrittlichen Gruppierungen Sitz und Stimme haben. Den Massen, aber auch dem einzelnen Bürger, wurde Spielraum für private Initiative und Kritik gegeben.

Freilich wird sich erst in den kommenden Jahren zeigen, ob sich die Partei stark genug fühlt, den begonnenen Demokratisierungsprozess zu vollenden. In Syrien ist aber die Chance für eine sozialistische Demokratie gegeben, und sie ist weitaus realer als etwa im Baath regierten Irak.

Nasserismus:
Ein Einzelgänger verändert eine Welt

Wenn über den „Arabischen Sozialismus" gesprochen wird, muss an erster Stelle die Rede von Gamal Abdel Nasser sein. Es gab in den vergangenen Jahrhunderten keinen Menschen und keine Gruppe, die die Arabische Welt so tief beeinflussen konnte wie der Sohn eines kleinen Postbeamten aus dem süd-ägyptischen Dorf Bani Murr.

Nasser sollte der erste Araber werden, der nicht nur zu seinem engeren Volk sprach, sondern der auch außerhalb der Grenzen seines Landes gehört und verehrt wurde: Wenn der „Raies" (Chef) eine Rede hielt, saßen die Bauern in Jordanien, die Nomaden auf der arabischen Halbinsel, die Berber in Nordafrika neben ihren Transistoren. Weil ihre jeweiligen Herrscher dies wussten, saßen auch diese neben ihren Radios, um entsprechend schnell auf die Äußerungen des „Abu Khaled", wie Nasser von den nicht-ägyptischen Arabern genannt wurde, reagieren zu können. Denn Nassers Reden konnten Demonstrationen in Marokko, Streiks im Sudan oder gar Putschversuche in Jordanien auslösen. Von König Hussein wird behauptet, er habe nie eine Rede Nassers versäumt.

Nasser wurde entweder sehr geliebt oder sehr gehasst, aber niemand stand ihm gleichgültig gegenüber. Er wurde in Syrien und von den Palästinensern, aber auch in Algerien und Jordanien besser verstanden und mehr verehrt als in Ägypten, denn dort fielen seine panarabischen Parolen auf fruchtbaren Boden im Gegensatz zu Ägypten, wo Panarabismus immer etwas Fremdes blieb.

Nasser war der Mann, der den Begriff „Arabischer Sozialismus" erstmals für die Welt mit Inhalt füllte. Obwohl die Baath-Partei schon früher vom Arabischen Sozialismus sprach, war dieser Begriff populär und weit verbreitet erst nach der Machtübernahme Nassers.

Diese Machtübernahme kam schneller, als Nasser dachte. Denn er und seine Freunde unter den ägyptischen Freien Offizieren wollten ursprünglich nach sechsmonatiger Militärherrschaft in die Kasernen zurückgehen und die Macht den Berufspolitikern überlassen. Aber es kam anders.

Gamal, der Sohn des Postbeamten Abdel Nasser Hussein, wurde 1918 in Südägypten geboren. Seine Familie wohnte im Dorf Bani Murr und lebte wie Durchschnittsägypter. Südägypten ist allerdings zwar ein Teil Ägyptens. Doch Südägypten, oder „Al-Saied", ist auch ein ganz anderes Land. Während sich Reichtum, Macht, Bildung und Kultur im Norden des Landes, hauptsächlich in den Städten Kairo und Alexandria konzentrierten, lebten Millionen ägyptischer Bauern im Süden ein Sklavenleben. Die Großgrundbesitzer besaßen in der Regel nicht nur das Land, sondern auch die Menschen: Die Landarbeiter wurden ausgepeitscht, eingekerkert, ja getötet, wenn sie gegen die Herren aufmuckten.

Von diesen Armen, die über 80 Prozent der Bevölkerung ausmachten, waren über eine halbe Million blind, über 90 Prozent in den Reisgebieten hatten Malaria, 95 Prozent waren Analphabeten, 70 Prozent waren an Bilharziose erkrankt. Wenn einer dieser Menschen sein 21. Lebensjahr erreichte, hatte er in der Regel seinen Zenit bereits überschritten. Denn mit dreißig bis vierzig Jahren hatten ihn Krankheiten, Hunger und die schwere Arbeit auf dem Feld zu einem Greis gemacht. Unter diesen Menschen wuchs Gamal auf.

Sein Vater, der als Beamter immerhin einige Male pro Monat Fleisch für seine Kinder kaufen konnte, war unter diesen Armen ein großer Mann. Die Familie Nasser zog bald nach Alexandria, als der Vater dorthin versetzt wurde. Seine Kinder konnten endlich Schulen besuchen.

Auch hier konnte Nasser der Armut überall begegnen; aber er sah auch, was er aus dem Süden Ägyptens noch nicht kannte: den Reichtum.

In Ägypten gab es damals über 400 Millionäre, die fast alles kontrollierten. Sie und ihre Helfershelfer lebten in Saus und Braus, bewohnten schöne Villen und hatten Luxus-Autos zur Verfügung. Entsetzliche Armut und riesigen Reichtum gleichzeitig zu sehen trug viel zur Politisierung Nassers bei. Schon als Schüler, später auch als Student, betrieb er politische Agitation.

Seine Vorbilder waren der Prophet Mohammed, George Washington, Voltaire und Gandhi. Sein Hass richtete sich gegen die Engländer, denn er sah in ihrer Anwesenheit eine Beleidigung seines Volkes. Nasser ging zur Armee, besuchte die Militär- und später die Generalstabs-Akademie und bestand alle Kurse mit Auszeichnung. Auch in der Armee fühlte er seine Ehre durch die Kolonialmacht verletzt: Im Februar 1942 umstellten britische Panzer den Königspalast und zwangen den König, die Regierung durch eine Englandfreundlichere zu ersetzen. Viele ägyptische Offiziere verließen daraufhin die Armee, da sie es nicht vermochte, den eigenen König zu schützen. Nasser gehörte nicht zu diesen Offizieren. Er war der Meinung, dass ein solcher König keinen Schutz verdiene, dass er eher gestürzt werden müsse.

Ein Ereignis jener Tage dokumentiert die Haltung des damals jungen Nassers zur Herrscherschicht seines Landes:

Nasser sah in Alexandria, wie sich ein Polizist und ein Zivilist stritten. Nasser schlug erst den Polizisten zusammen und fragte dann den Zivilisten nach der Ursache des Streits.

Nasser blieb also in der Armee, wurde Lehrer an Kriegsschulen und begann, junge Offiziere für den Bund Freier Offiziere anzuwerben. Die Zahl und der Einfluss dieser Offiziere wurde in kurzer Zeit so groß, dass sie den Offiziersklub beherrschten und den Präsidenten dieses Klubs bestimmen konnten. Sie operierten aber weiter im Geheimen. Es ist allein Nasser zu verdanken, dass dieser Bund nicht Lösungen der ägyptischen Frage durch ein Attentat suchte. Nasser orientierte stattdessen die Arbeit gezielt auf den späteren Putsch, die Revolution. Zur Stärkung des Bundes Freier Offiziere und zur Beschleunigung des Putsches vom 23. Juli 1952 trugen besonders zwei Ereignisse bei:

Im Jahre 1947 zogen sich die Engländer aus ihrem Mandatsgebiet Palästina zurück und die Zionisten gaben die Gründung des Staates Israel bekannt. Unmittelbar darauf entsandten die reaktionären arabischen Regime in Jordanien, Ägypten, dem Irak und Saudi-Arabien Truppen nach Palästina, um das Land „zu retten und die Heiligen Stätten von der Beschmutzung durch den Zionismus zu bewahren". Nasser war begeistert und ging mit den ersten ägyptischen Einheiten in die Schlacht.

Der Verlauf dieser Schlacht und die vernichtende Niederlage der Truppen dieser arabischen Regime waren für Nasser von schockierender, aber zugleich heilsamer Wirkung. Er erkannte, dass ein verdorbenes, unmenschliches Regime in Kairo keineswegs gewillt sein konnte, ein neues unmenschliches Regime in Palästina zu bekämpfen, vor allem nicht, weil der tatsächliche Herr beider Länder der gleiche war – der Kapitalismus.[1]

Während der Kämpfe wurde die Einheit Nassers im palästinensischen Dorf Faluja von der israelischen Armee belagert und zusammengeschossen. Nasser wurde durch eine Kugel schwer verletzt.

Das zweite Ereignis, das den Entschluss Nassers und seiner Freunde, die Monarchie zu beseitigen, bestärkte, fand im Januar 1952 statt. Die britische Armee war über Guerilla-Aktivitäten patriotischer Ägypter an der Kanalzone verärgert, belagerte aus nichtigem Anlass eine Polizeikaserne in der Stadt Ismailiya und tötete über fünfzig Polizisten. Wiederum konnte, oder durfte, die ägyptische Armee nichts tun.

Die Freien Offiziere begannen die Vorbereitungen zum Aufstand zu forcieren. Als ihnen bekannt wurde, dass ihnen der Geheimdienst auf die Spur gekommen war und dass einige von ihnen unmittelbar vor der Verhaftung standen, schlugen sie los. Glaubhaft wird versichert, dass trotz Geheimdienstüberwachung die Überraschung perfekt war und König Faruk nicht glauben mochte, dass man ihn tatsächlich los werden wollte. Er weigerte sich abzudanken oder auszureisen. Erst als ihn der Luftwaffenoffizier Ali Sabri an die Hand nahm, wie überliefert wird, und ihm erklärte, er werde Ägypten entweder als Leiche oder lebendig verlassen, aber jedenfalls ausreisen, wurde der König blass und unterzeichnete die Abdankungsurkunde. Sie musste zweimal ausgefertigt werden, weil dem zitternden König die erste Unterschrift misslang.

---

1   Gamal Abdel Nasser; Falsafat ath-thaura (Philosophie der Revolution), Kairo 1954

Ali Sabri sitzt heute im Gefängnis des derzeitigen Präsidenten Anwar Sadat. Sabri war es, der nicht nur den König stürzte, sondern der auch Anwar Sadat aus dem Gefängnis Faruks holte, als sich nach dessen Abdankung die Tore der Gefängnisse für die politischen Gefangenen öffneten.

Mit dem Putsch des 23. Juli 1952 begannen die Probleme der Offiziere, die nur eine verschwommene Vorstellung von dem hatten, was kommen sollte. Die einen waren dafür, die Macht der Republik sofort an Zivilisten zu übergeben, die anderen waren für eine Periode des Übergangs. Die letzteren setzten sich durch.

Zum Ministerpräsidenten machten sie den General Muhammad Nagib. Zwar gehörte er nicht zu den Putschoffizieren, aber er war viel älter als sie. Die revolutionären Offiziere waren alle um die dreißig und sie meinten, ein elder statesman könne als Gallionsfigur dienlich sein.

Nagib begann alsbald Politik auf eigene Faust zu machen, eine Politik des Establishments. Ohne Rücksprache mit dem Revolutionsrat versprach er, die Macht den (alten) Parteien zu überlassen, pilgerte mit großer Gefolgschaft nach Mekka und sprach vom „islamischen Charakter der Revolution" und von der alsbaldigen Rückkehr der Armee in die Kasernen.

Der Ministerpräsident machte sich innerhalb der Offiziere des 23. Juli zum Sprecher jener Gruppe, die für die sofortige Übergabe der Macht an die demokratischen Parteien eintrat. Vertreter dieser Richtung waren auch die Muslimbruderschaft und die Kommunisten. Für die Bruderschaft saßen die Offiziere Abdel Munaim Amin und Raschad Muhanna im Revolutionsrat, für die Kommunisten der Hauptmann Ahmed Schauqi.

Die zweite Richtung, von Nasser angeführt, trat für eine geschlossene militärische Führung ein, die die notwendigen Reformen erst einmal in Gang setzte, ehe man den Staat den Parteien von früher überließ.

Nasser hat später viel über die ersten Monate der Revolution gesprochen. Er wiederholte immer wieder, dass er damals geglaubt habe, das Volk würde aufstehen und die Reaktionären, die Feudalisten und die Kapitalisten verjagen und wie ein Mann hinter der Revolution stehen. Nasser meinte, er habe den „Marsch des Volkes" erwartet. Er unterschätzte die Unbildung des Volkes und dessen mangelndes Bewusstsein. Er wurde enttäuscht. Das Volk kam nicht. Diejenigen, die kamen, waren die bekannten, korrupten Politiker. Sie kamen „mit Blicken und mit Worten", wie Nasser sich ausdrückte, um „ihre Freude auszudrücken über den Wandel", drückten den Offizieren die Hand, weil sie „das Land befreit haben". Aber jeder wollte nur, wie Nasser es später sagte, seinen persönlichen politischen Gegner beseitigt wissen, um selber um so ungestörter Macht ausüben zu können. Er fühlte sich angeekelt.[2]

Er beschloss mit seinen engsten Freunden eine neue Orientierung: Die Vertreter einer sofortigen Rückkehr zur Demokratie wurden verjagt; Nasser ließ sich im November 1954 zum neuen Ministerpräsidenten Ägyptens küren.[3]

---

[2] Portraits der Macht: Nasser, Goldmanns Taschenbücher, Augsburg

[3] US-Außenminister John Foster Dulles, Bruder des CIA-Chefs Allan Dulles, unternahm 1953 einen Versuch, Ägypten „für den Westen zu retten" und verhandelte deswegen mit Präsident Nagib, der damit sichtlich auf konservativen Kurs gedrängt wurde. Als Nasser einige Monate nach dem Dulles-Besuch in Kairo Nagib stürzte, wurden beim Ex-Präsidenten drei Millionen Dollar in bar gefunden. Nasser ließ damit den Kairo-Turm bauen. Später pflegte Nasser zu Freunden, mit Blick auf den Turm zu sagen: „Sprecht leise, die CIA hört mit."

Nasser als Reformator

Als Nasser die Macht übernahm, dachte er nicht an Sozialismus. Er wollte lediglich eine Reihe von Reformen durchsetzen, um das Elend des ägyptischen Volkes zu lindern, vor allem eine Landreform. Nur die Großgrundbesitzer sollten enteignet werden. Lediglich 200 Feddan Land (etwa 84 Hektar) sollten einem Besitzer gehören dürfen, für ägyptische Verhältnisse immer noch ein riesiges Gebiet.

Das enteignete Land sollte an die landlosen Bauern verteilt werden, diese möglichst in Kooperativen zusammenarbeiten. Die Kapitalisten blieben unangetastet, die Geschäftsleute arbeiteten wie bisher. Nasser hatte nicht die Absicht, ein „roter Pharao" zu werden, wie ihn seine Gegner im Westen nannten. Er gab sich als, und war es auch, prowestlicher Reformator. Es war der Widerstand der Feudalherrscher und ihrer einflussreichen Freunde und es war die außenpolitische Isolierung, in die ihn der Westen trieb, die ihn zum Sozialrevolutionär machten. Er gehörte damit zu den wenigen Politikern, die nicht durch innenpolitische, sondern durch außenpolitische Erfahrungen zum Linken, zum Sozialisten wurden.

Unmittelbar nach seinem Amtsantritt im November 1954 kam es zur ersten Konfrontation mit den Westmächten. Der erste panarabische Ägypter von Format beobachtete mit Misstrauen die Versuche Großbritanniens, einige Länder des Nahen Ostens zu Bündnissen unter englischer Führung zusammen zu schweißen. Sein gegenüber der britischen und amerikanischen Diplomatie gebrauchtes Argument gegen diese Allianzpolitik war durchaus westlich: Solche Unternehmungen, sagte er dem britischen und dem amerikanischen Botschafter, würden das arabische Nationalgefühl verletzen und den Kommunisten in die Hände arbeiten. Umsonst. England brachte eine Allianz zwischen der Türkei und dem Irak zustande, die praktisch unter London Führung stand: den Bagdad-Pakt[4]. Dies war eine Herausforderung für Nasser, die er nicht hinnehmen konnte.

Im April 1955 fand in der indonesischen Stadt Bandung die gleichnamige Konferenz statt, auf der sich führende Politiker aus Asien, Afrika und Lateinamerika trafen, um eine neue politische Orientierung zwischen den Großmächten zu suchen. Sie einigten sich auf das, was sie „positive Neutralität" nannten und was später unter der Bezeichnung „Blockfreiheit" bekannt wurde.

Auf dieser Konferenz fand der erste Zusammenstoß Nassers mit einem reaktionären arabischen Staat statt. Die irakische Regierung machte sich für Allianzen mit dem Westen stark, um den Kommunismus auszurotten. Eine solche Einbeziehung der arabischen Welt in den antikommunistischen Kreuzzug fand Nasser als nicht mit den arabischen Interessen übereinstimmend. Die Konferenz brachte Nasser aber zugleich zwei Freunde. Er wurde mit Josip Broz Tito und Jawaharlal Nehru bekannt, dem jugoslawischen und dem indischen Staatschef, Männer, von denen er lernen sollte.

Nassers Aktivitäten in Bandung und seine negative Einstellung zum Bagdad-Pakt machten ihn dem Westen suspekt. Der amerikanische Außenminister John Foster Dulles und der britische Premier Anthony Eden setzten auf ihr Programm, „Nasser jetzt zu stoppen". Zudem gaben die angloamerikanischen Freunde im Nahen Osten, der Irak, Jordanien und Saudi-Arabien erste SOS-Zeichen.

---

4 BAGDAD-PAKT: Central Treaty Organization (CENTO). Proimperialistisches Militärbündnis, analog der NATO geschlossen am 24.2.1955 auf britische Initiative. Durch irakischen Austritt 1969 geschwächt, heute bedeutungslos.

Eine Chance, dem „unerfahrenen jungen Offizier" eine „Lektion in politischer Vernunft" zu erteilen, witterten die USA und Großbritannien, als Nasser Mitte des Jahres 1955 den Westen um Waffenlieferungen anging. England wie die USA lehnten ab und Nasser tat etwas damals Sensationelles: Er kaufte Waffen aus einem kommunistischen Staat, aus der CSSR. Die Westmächte und ihre arabischen Agenten begannen ein ohrenbetäubendes Getöse und riefen zur Rettung des Islams vor der kommunistischen Gefahr auf.

Nasser hatte immer noch die Absicht, mit den westlichen Staaten zu einem geregelten Verhältnis zu kommen und versuchte erneut mit Washington und London ins Geschäft zu kommen: Er bat sie um Hilfe beim Bau des Assuan-Staudamms. Die Kosten waren auf 1,5 Milliarden Dollar veranschlagt worden, das Projekt sollte nach Nassers Meinung die Landwirtschaft in ganz Ägypten revolutionieren. Die westlichen Staaten schienen anfangs auf das Projekt einzugehen, begannen dann aber ihre Bedingungen zu diktieren.

Ägypten, so die anglo-amerikanischen Bedingungen, dürfe keine Feindseligkeiten gegenüber Israel beginnen, es dürfe keine Waffen aus dem Ostblock beziehen. Nasser lehnte dieses Diktat ab, der Westen zog seine Zusage für die Unterstützung des Assuan-Projektes zurück. Washington und London sorgten auch dafür, dass die Weltbank eine Hilfszusage an Ägypten annullierte. Auf diese Herausforderung reagierte Nasser wieder mit einer sensationellen Entscheidung: Er verstaatlichte am 26. Juli 1956 den Suezkanal, um mit den daraus erwachsenden Einkünften den Staudamm zu bauen, wie er sagte.

Die hier geschilderten Ereignisse und die Folgen waren es, die Nasser zu einem entschiedenen Antiimperialisten und Antikapitalisten machten, nicht theoretische Erwägungen, aus Herkunft oder Umgebung stammende Überzeugung oder gar Einflüsterung. Die Staaten, die ihn herausforderten, waren westliche, kapitalistische Staaten. Die Staaten, die ihm halfen, waren östliche, sozialistische Staaten. Dies konnte nicht ohne Wirkung auf Nassers politische Einstellung bleiben. Nasser war, wie der indische Ministerpräsident Nehru einmal sagte, „immer bereit zu lernen und zu fragen". Er zeigte sich jetzt gelehrig.

Ägypten begann, gegen die westliche Ideologie zu agitieren. Der Rundfunksender „Stimme der Araber" (Saut Al-Arab) rief die Araber zur Revolution auf. Die Sendungen waren so beliebt, dass der Umsatz an Transistorradios im ganzen arabischen Gebiet verdreifacht wurde. Die Regierungen der reaktionären arabischen Staaten, so die Jordaniens, des Iraks oder Saudi-Arabiens, verhängten drakonische Strafen über ertappte Hörer der „Stimme der Araber", deren Empfang in diesen Ländern verboten wurde. Rund 15 Jahre Gefängnis gab es dafür. Aber es nutzte wenig. Beduinen und Araber verlangten beim Kauf eines Radios von den Händlern ein Gerät, „in dem Ahmed Saied spricht". Saied war Chefkommentator der „Stimme der Araber".

Großbritannien und die USA hingegen bauten Sender auf oder unterstützten Sender finanziell, die „gegen den roten Pharao" und den „kommunistischen Diktator am Nil" arbeiteten, Schlagworte, die in den Massenmedien der westlichen Welt gang und gäbe waren, seit Ägypten nicht mehr nach der amerikanisch-englischen Pfeife tanzte. Die Sender standen auf Zypern, auf Malta, in Äthiopien und in vielen anderen arabischen Staaten. Nasser sah sich einer Einheitsfront gegenüber, die aus den kapitalistischen Staaten der westlichen Welt und den feudalen des arabischen Raums bestand.

Aber für die arabischen Massen war unschwer zu erkennen, wer gegen Nasser war: reiche Ölscheichs, vom Westen eingesetzte Könige, schwerreiche Händler und religiöse Fanatiker der islamisch-faschistischen Parteien – der Muslimbruderschaft und der Tahrir-Partei (Befreiungs-Partei). Nasser verstand, dass ein Bündnis, wie es gegen die äußeren Feinde Ägyptens zustande gekommen war, auch gegen die innerarabischen Feinde geschlossen werden musste: Zusammenarbeit mit den progressiven Kräften im arabischen Raum, auch mit den Kommunisten Arabiens, für die Nasser bisher keinerlei Sympathie gezeigt hatte, lautete nun die Parole.

Nassers endgültiger Bruch mit dem Westen kam mit der großen Konfrontation um den Suezkanal. Unter dem Vorwand, dass Ägypten einen Angriff auf Israel plane, griffen die Israelis an. Engländer und Franzosen verlangten ultimativ, dass beide Seiten – Ägypter und Israelis – die Suezkanalzone räumten. Das Ultimatum richtete sich natürlich allein gegen die Ägypter, weil die Israelis gar nicht am Kanal waren. England und Frankreich griffen ein. Um die „arabischen Freunde von Nasser zu befreien", bombardierten sie Kairo und die Städte am Kanal, töteten tausende von Ägyptern. Der britische Premierminister Anthony Eden versprach, „dem Spuk binnen 24 Stunden" ein Ende zu setzen. Die Kampfhandlungen dauerten aber 10 Tage.

Die öffentliche Meinung, auch die in Frankreich und in England, war aber gegen die Aggression. Die besten Freunde Englands, wie Nehru, stellten sich hinter Nasser. Die Sowjetunion drohte mit dem Einsatz von Raketen gegen Paris und London und die USA drängten unter dem Eindruck dieser weltweiten Konfrontation die beiden Verbündeten zur Mäßigung. Die Aggression war gescheitert, wenngleich sie Ägypten die Sinai-Halbinsel gekostet hatte.

Weitreichender aber waren die Folgen der Aggression für die Westmächte. Großbritannien hatte östlich des Suezkanals nun nichts mehr zu melden, es hatte als Weltmacht ausgespielt, wie auch Frankreich. Nasser verstärkte seine Unterstützung für die algerische Befreiungsfront und brachte Paris an den Rand des Abgrunds. Nasser wurde zum Helden des antiimperialistischen Kampfes nicht nur im Nahen Osten, sondern in ganz Afrika und Asien. Kairo wurde zum Sitz der meisten afrikanischen und einiger asiatischer Befreiungsbewegungen.

Der moralische Sieg, den Nasser errungen hatte, machte ihn innerhalb der arabischen Welt zum unumstrittenen Führer und zum Idol der Massen. Sein Sieg gegen den Neokolonialismus und den Imperialismus machte diese Begriffe Millionen von Arabern erstmals geläufig. Erstmals hörten und verstanden sie Begriffe wie revolutionäre Solidarität, antiimperialistischer Kampf, Freiheit und Gleichheit. Die arabischen Massen wurden mobilisiert und entwickelten Ansätze eines sozialistischen Bewusstseins.

Gründung der Nationalen Union

Nach der ersten schweren Auseinandersetzung mit äußeren und inneren Gegnern sah Nasser ein, dass die Schaffung einer Organisation notwendig geworden war, die ihm Rückhalt und Erleichterung verschaffte im täglichen Ringen ums Überleben und bei der Entwicklung seiner Revolution. Seit seiner Machtübernahme hatte Nasser innenpolitische Maßnahmen ergriffen, die sich teilweise zu widersprechen schienen:

- Er verbot alle Parteien, auch die Kommunisten, ließ diese aber zusätzlich verfolgen und einkerkern.

- 1956, nach einem Attentat in Alexandria, verbot er auch die Muslimbruderschaft, ließ sie verfolgen und einkerkern.

- Er enteignete die Großgrundbesitzer bis auf einen Besitz von 200 Feddan.

- Er verstaatlichte die größte ägyptische Bank, die Misr.

Die Nationale Union sollte diese und weitere Maßnahmen stützen und propagieren, sollte fortschrittliche Kräfte auf breiter Basis an der Macht beteiligen, die Reaktionären ebenso fernhalten wie die Kommunisten. Zwar gelang es, die Kommunisten fernzuhalten, nicht aber die Reaktionären. Warum?

Nasser überschätzte die Fähigkeiten seines Volkes, sich an neue politische Verhältnisse zu gewöhnen und neue Entwicklungen auch geistig nachzuvollziehen. Zwar hatte er die Macht der Großgrundbesitzer beschnitten, aber sie konnten nach wie vor sehr gut leben, viel besser als alle anderen Ägypter. Die früheren Landarbeiter hatten nach wie vor Angst und Respekt vor den Feudalherren und wagten nicht, gegen sie aufzutreten. Die alten Politiker und ihre Lakaien lebten und arbeiteten unbehindert und beeinflussten das Volk. Und da Nasser kommunistische Agitation nicht duldete, konnte keine progressive Kraft deutlich machen, was Klassenstrukturen bedeuten, wie sie funktionieren und dass sie nur durch eine wirkliche Revolution beseitigt werden können. Arbeiter und Bauern blieben führerlos, blieben eine passive Kraft.

Als Nasser beschloss, die Nationale Union zu gründen, war ihr Ende bereits eingeläutet. Er meinte zwar, es seien nun genug passive Schritte in Richtung sozialer Gerechtigkeit getan worden, und er meinte damit die staatlichen Eingriffe in die Wirtschaft, die Enteignungen und Reformen. Nun, so Nasser, sei es an der Zeit, aktive Schritte zu tun. Gesetzgeberische Maßnahmen einer Volksversammlung waren damit gemeint, gewählt von einem aber nach wie vor passivem Volk.

Nasser erwartete von der Nationalen Union:

- Schaffung eines Instruments, das „die Siege des Volkes schützt und sie entwickelt".

- Füllung des Vakuums, das durch die Auflösung der politischen Parteien entstanden war.

- Chancengleichheit für alle Bürger, sich an der Ausübung der Macht zu beteiligen.

- Einigung der verschiedenen Gruppen „unter einer Flagge und Beseitigung der Ursachen der Zerstrittenheit".

Es war klar, dass Nasser, unbeschadet von allen Erfahrungen, die er machen musste, nach wie vor einen bürgerlichen Weg bei der Entwicklung seines Landes gehen wollte.

Er ließ also wählen: zuerst in den Dörfern und Stadtbezirken, dann auf Landesebene. Die so gewählten Mitglieder der Nationalen Union wählten schließlich ein Parlament und dieses wählte Nasser zum Präsidenten. Mit dieser Nationalen Union ging Nasser in die Vereinigung mit Syrien: Im Februar 1958 entstand die VAR, die Vereinigte Arabische Republik.

Syrien war ein politisch entwickeltes Land, in dem es zahlreiche linke Parteien gab. Ägypten war ein politisch unterentwickeltes Land mit der Nationalen Union als einziger Partei, die aber von Reaktionären und Opportunisten beherrscht wurde. Nasser versuchte nicht, aus den Erfahrungen der sozialistischen Parteien Syriens zu lernen, er löste sie auf, ließ Baathisten wie Kommunisten gleichermaßen verfolgen. Syrien glich sich Ägypten an, in beiden Regionen der VAR hatten Opportunisten und Ja-Sager die höheren Positionen inne. Dies sollte sich bitter rächen.

Als 1961 die Reaktion in Syrien putschte und das Land von der Arabischen Republik trennte, fand sie keinen Widerstand, da alle fortschrittlichen Kräfte von Nasser unterdrückt worden waren, ihre Führer im Gefängnis oder im Exil saßen.

Die syrische Erfahrung war die zweite schmerzhafte nach der Erfahrung mit dem Westen. Nasser schien jetzt zu begreifen, dass der verbale Sozialismus kein Sozialismus ist und dass man den Klassenkampf nicht aus der Welt schaffen kann, indem man ihn leugnet. Nach der Loslösung Syriens am 28. September 1961 ließ er in Ägypten potentielle Putschisten, Feudalisten wie Kapitalisten, unter Bewachung oder Hausarrest stellen.

Er verschärfte den Kurs der Verstaatlichung und Enteignungen, entzog der Großbourgeoisie die materielle Basis der Konspiration und verkündete in einer Rede vor der Nationalen Union, dass Ägypten nun den sozialistischen Weg gehen werde. Im Lande sei „Platz für alle, aber kein Platz für Millionäre". Er erklärte später, dass mit der Verabschiedung der „sozialistischen Gesetze Ende 1961 der zweite große Schritt der Revolution nach der Vertreibung Faruks getan wurde".[5]

---

5   Robert Stephens: Nasser - A Political Biography, London 1971

Nassers Sozialismus

Der ägyptische Staatschef ordnete die zivile Isolierung der Rechten an. Das bedeutete, dass die Isolierten – Großkapitalisten und Feudalherren – weder das aktive noch das passive Wahlrecht ausüben durften. Nasser erhoffte sich dadurch eine Stärkung des Selbstbewusstseins der ägyptischen Bauern und Arbeiter, die Erkenntnis bei ihnen, dass die alten Herren endlich ausgespielt haben. Es sollte verhindert werden, dass bei erneuten Wahlen wieder „Pannen" wie bei der Wahl zur Nationalen Union passieren. Ein neuer Wahlgang sollte den sozialistischen Kräften zum Sieg verhelfen. Die neue Union sollte ein Bündnis sein zwischen Arbeitern, Bauern, Intellektuellen, nationalen und fortschrittlichen Kapitalisten – dem Mittelstand quasi. Nasser nannte die neue Organisation „Arabische Sozialistische Union" (ASU).

Wie Nasser seine Vorstellungen vom Sozialismus verwirklichen wollte, machte er in zahlreichen Erklärungen publik. Immer wieder stellte er dabei das Arabische seines Sozialismus heraus und dass der „vom Geiste des Islam" erfüllt sei. Sozialismus in Ägypten sei der einzige Weg zur Gerechtigkeit. Verwirklicht werden sollte er durch ein Bündnis der Arbeiter, Bauern, Intellektuellen und des nationalen Kapitals, das imstande sei, das Bündnis von „Feudalherrschern und Großkapital" zu besiegen. Nasser machte einen deutlichen Unterschied zwischen dem „Großkapital" und dem „nationalen und progressiven Kapital", wobei er sich in der Definition nicht gerade durch Klarheit auszeichnete; denn mit Mittelstand ist das „nationale und progressive Kapital" nur unzureichend beschrieben.

Wie vor ihm die Baath-Partei sah sich auch Nasser veranlasst, gravierende Unterschiede zwischen arabischem Sozialismus und Marxismus-Leninismus herauszukehren. Diese Unterschiede lassen sich gerafft wie folgt zusammenfassen:

- Der arabische Sozialismus lehnt den Klassenkampf ab. Er will alle Menschen versöhnen und das ganze Volk, von einigen Ausnahmen abgesehen (Großkapital und Feudalherrscher), vertreten. Er lässt nicht zu, dass eine Klasse über eine andere herrscht.

- Der arabische Sozialismus lässt die private Initiative prinzipiell zu. Zwar werden in ihm die Großgrundbesitzer, die Banken, die Grundstoffindustrie und das ausländische Kapital enteignet, verstaatlicht und nationalisiert; das Land beispielsweise wird aber an die Bauern als individuelles Eigentum gegeben, kleine Industrielle und Kaufleute werden nicht nur geduldet, sondern auch gefördert.

- Der arabische Sozialismus ist nicht atheistisch, er respektiert religiöse Freiheiten und Religionen.

- Der arabische Sozialismus basiert nicht auf der Einsicht des Kollektivs, sondern auf der des Individuums.

Nassers Sozialismus-Programm hat also Ähnlichkeiten mit dem der Baath. Aber Nasser und sein Programm hatten eine ungleich größere Ausstrahlung und Überzeugungskraft gegenüber den arabischen Massen. Doch das Programm Nassers war mit seiner Person verbunden. Es war eine Reaktion auf die Feindseligkeiten der inländischen und ausländischen Kapitalisten und später eine Überzeugung, die eher eine Sache Nassers war als eine Sache des Volkes – das zeigte sich vor allem nach seinem Tod.

Wie aber sah die sozialistische Praxis in Ägypten aus? Die Industrie war verstaatlicht, einige Kooperativen für die

Bauern errichtet, der Außenhandel und in groben Zügen auch der Binnenhandel waren unter Kontrolle des Staates, die Presse war verstaatlicht, wie auch die Kinos, Theater und große Hotels. Die Arbeiter wurden an der Leitung ihrer Betriebe beteiligt und bekamen Gewinnanteile aus ihren Fabriken. Die Gesundheitsversorgung wurde verbessert. Die Bildung an Schulen, Berufsschulen und Universitäten war kostenlos und für alle da, eine Art sozialer Wohnungsbau für Arbeiter wurde angekurbelt.

Nasser war ehrlich bemüht, seinem Sozialismus zum Durchbruch zu verhelfen. Seine Bemühungen wurden allerdings von seinem eigenen Apparat torpediert. Viele der zu Fabrikdirektoren ernannten Offiziere sahen darin vor allem eine Chance, private Reichtümer anzusammeln. Die Gegner Nassers im Inland wie im Ausland hatten reichlich Gelegenheit und fanden überall Beispiele, um „die Sinnlosigkeit des Sozialismus" zu propagieren. Die Propaganda zeigte Wirkung. Sozialismus in Ägypten wurde vielfach mit „Armut und Diebstahl" übersetzt.

Trotzdem wuchs unter Nasser die materielle Basis für die Errichtung eines realen Sozialismus. Die Industrialisierung machte erhebliche Fortschritte. Der Staat errichtete über tausend größere und mittlere Fabriken. Das führte zur Bildung einer ständig wachsenden, aber auch ständig kritischer werdenden Arbeiterklasse, die sich zu organisieren begann. Diese neue Macht in Ägypten erkannte zwar die Vorteile des nasseristischen Sozialismus, aber zugleich die Unmöglichkeit der Verwirklichung eines realen Sozialismus mittels einer korrupten, aus der Zeit Faruks stammenden Bürokratie.

Es begann die Zeit der Unruhen, der Streiks und der sich eskalierenden Zusammenstöße zwischen Arbeiterschaft und Staatsmacht. Nasser hätte hier noch einmal die Chance gehabt, sich zu entscheiden: für die wirklichen Sozialisten und gegen den nicht reparablen Apparat. Er tat es nicht. Er ließ zu, dass der Apparat das Aufbegehren der Arbeiterklasse pauschal als kommunistische Subversion abtat. Dies war in der Tat eine indirekte Entscheidung gegen die Arbeiterklasse. Nasser begriff nicht, dass der Sozialismus nicht von einem zwar ehrlichen und mutigen, aber einsamen Mann an der Spitze eines unfähigen, unwilligen und korrupten Staatsapparates zu verwirklichen war.

Mit der Zuspitzung der sozialen Gegensätze in Ägypten und der Verschlechterung der Lage der Arbeiterklasse verdüsterte sich auch Nassers Bild bei seinen Verbündeten und Freunden. Die progressiven Kräfte des Landes entfernten sich vom „Raies"; die Sowjets ließen durchblicken, dass Nasser „keine Ahnung vom Sozialismus hat" (Nikita Chruschtschow) und protestierten gegen die Verfolgung der ägyptischen Kommunisten. Nasser reagierte beleidigt; das Verhältnis zum Ostblock kühlte eine gewisse Zeit merklich ab.

In diese Situation platzte die verheerende Niederlage im Krieg von 1967 gegen Israel. Unmittelbar nach der Niederlage erklärte Nasser seinen Rücktritt. Am 9. und 10. Juni 1967 aber gingen Millionen in Ägypten und in anderen arabischen Staaten auf die Straße und forderten ihn auf, an der Macht zu bleiben.

Wieder konnte Nasser, wollte er sie, die Chance am Schopf packen. Erkannte er, warum die Massen, trotz aller trüben Erfahrungen, hinter ihm standen und was sie von ihm erwarteten? Vielleicht ja, vielleicht nein, jedenfalls handelte er genau verkehrt. Er begann mit der Zerschlagung der sogenannten Machtzentren im Apparat. Er entließ die Fortschrittlichsten seiner Helfer, jene, die ihn auch kritisierten und die ihm klar zu machen suchten, dass sein Programm nicht mit einsamen Ideen, sondern nur durch Veränderungen der Strukturen durchgesetzt werden konnte. Nach der großen Säuberung blieben um ihn charakterlose Mitläufer und Ja-Sager, die die totale Niederlage gegen Israel in einen „zeitweiligen Rückschlag" ummünzten.

Viele fragen heute, nach Nassers Tod und nach der offensichtlichen Ausmerzung der nasseristischen Periode in Ägypten: Wie konnte Nasser scheitern? Warum blieb so wenig von ihm nach seinem Tode? Wie und warum scheiterte der panarabische Nasserismus in Ägypten?

Hier die wichtigsten Ursachen:

1. Als Nasser im Oktober/November 1954 die Macht übernahm, hatte er kein fertiges Programm. Er unterließ es auch, nach dem Machtantritt ein klares Programm zu entwerfen, sondern regierte erst mal drauf los.

2. Die faschistischen Muslimbrüder und die Tahrir-Partei erfreuten sich in den ersten Jahren von Nassers Regierung freundlicher Duldung und Nachsicht. Sie konnten ihre Positionen festigen und aus gefestigten Positionen die Revolution mit ihren irrationalen religiösen faschistischen Parolen bekämpfen. Als Nasser nach dem fehlgeschlagenen Attentat von 1956 mit der Unterdrückung dieser Gruppen begann, war es bereits zu spät.

3. Nasser verfolgte über seine ganze Regierungszeit hinweg mehr oder weniger hart die Kommunisten in Ägypten. Sie aber waren die einzige Gruppe, die ihm und seinem Programm zur Durchsetzung hätten verhelfen können. Sie hatten hervorragend gebildete und organisierte Kader, die fähig gewesen wären, Nassers Ideen zu propagieren und die

Wurzeln der Revolution in der Arbeiter- und Bauernschaft zu pflanzen.

4. Nasser trennte sich von den meisten seiner ehrlichen Kameraden, die mit ihm die Revolution von 1952 planten und durchführten: Ahmed Shawki, Khaled Muhiyi al-Din, Salah Salem, Gamal Salim, Kamal al-Din Hussein, Abdullatif al-Baghdadi wurden gefeuert, als sie ihm widersprachen. Ihm blieben praktisch nur zwei Figuren, die weder theoretisch noch praktisch wesentliche Arbeit leisteten, ihm aber zum Munde redeten: Anwar Sadat und Hussein Schafii.

5. Nasser enteignete zwar Großgrundbesitzer und Kapitalisten, aber er ließ sie über sieben Jahre hinweg ungehindert agitieren und wühlen. Sie lebten als reiche Pensionäre und hatten Verfügung über unermessliche flüssige Mittel. Sie konnten, wie eine Kommission unter Vizepräsident Abdel Hakim Amer feststellte, ihre ehemaligen Untertanen immer beeinflussen, ihnen Angst einjagen und sie zur alten Loyalität zwingen.

6. Nasser enteignete zwar die Presse, ließ aber alle unter König Faruk tätigen Journalisten im Amt. Die angeblich sozialistische Presse des Landes wurde von den alten Schmocks geschrieben und redigiert. Sie standen mit dem Herzen und mit dem Geldbeutel auf der anderen Seite der Barrikade und waren nicht nur unwillig, sondern effektiv auch unfähig, Propagandisten des Sozialismus zu sein. Sie waren außerstande, das Nasser-Programm den Volksmassen zu vermitteln.

7. Nasser besetzte die Posten der enteigneten Fabrik-besitzer mit Offizieren, die von Wirtschaft nichts verstanden, sondern nur schnell reich werden wollten. Er weigerte sich, auf die Kader der linken Intelligenz oder der Arbeiterschaft zurückzugreifen. Die neuen Herren behandelten ihre Arbeiter wie einst ihre Rekruten auf dem Kasernenhof. Sozialistisches Bewusstsein konnte sich in den staatlichen Betrieben so nicht einstellen.

8. Nasser wollte den Panarabismus in Ägypten durchsetzen, wo er keinerlei Tradition hatte. Panarabische Parteien, wie die Baath, wurden von Nasser unterdrückt und als Bündnispartner ausgeschaltet.

9. Der tiefste Grund für das Scheitern Nassers lag in seiner Person begründet. Zwar wollte er lernen und lernte auch, aber nur das, was er wollte. Er duldete keine Partner neben sich und keine gleichberechtigten Ratgeber. Er war eine große Figur, die aber nur kleinere Figuren um und unter sich schätzte. Er förderte somit den Opportunismus und das Kriechertum und brachte kritische, im Prinzip aber zustimmende Menschen zum Schweigen.

Die Massen liebten Nasser, aber sie liebten ihn als Person. Sie sahen mehr den Mann, als dass sie darauf hörten, was er sagte. So war der Tod dieses einmaligen und einsamen Mannes auch der Tod seines Programms und seiner Politik.[6]

---

6   zu Nasser: Chutab wa Tasrihat, Informationsministerium Ägypten; Raschid al-Barawy: The Military Coup in Egypt, Kairo 1952; Anthony Eden: Full Circle, London 1960; Finer Hermann: Dulles over Suez, Chicago 1964; Issawi Charles: Egypt in Revolution; Oxford 1963; Peter Mansfield: Nassers Egypt, Penguin 1969

Die ANM –
Bewegung Arabischer Nationalisten:
Die Ursprünge der PLO-Linken vom
Panarabismus zum
Marxismus-Leninismus

Zu den bedeutendsten Parteien, die heute den Weg des arabischen Sozialismus propagieren gehören jene, die aus der Bewegung Arabischer Nationalisten hervorgegangen sind. „Harakat Al-Qaumiyyien Al-Arab", eher unter dem englischen Namen Arab Nationalist Movement (ANM) bekannt, hat das Ausland aber weniger beschäftigt als alle anderen sozialistischen Gruppen des arabischen Raums. Deswegen ist es auch schwer, über diese Gruppen ausreichend Literatur zu finden.

Die ANM wurde, wie viele andere nationalistische Bewegungen Arabiens, von Studenten der American University in Beirut ins Leben gerufen, und zwar im Jahre 1948.[1]

Die Universität in Beirut förderte, und fördert auch heute noch, den arabischen Nationalismus – und zwar als ein Instrument im antikommunistischen Kampf. Dies war meist jedoch von zweifelhaftem Wert, weil sich nationalistische Regungen in der Regel nicht nur gegen etwas bestimmtes Fremdes richten, sondern gegen alle fremdländischen Einflüsse schlechthin. So verhalf die American University in Beirut vielen sozialistischen Gruppen ungewollt zum Le-

---

[1] Alhakam Darwaza und Hamid Gabburi: Ma'al-Qaumiyyah Al-Arabiyyah (Mit dem arabischen Nationalismus); Beirut 1960

ben, was wohl schwerlich im Sinne ihrer Erfinder und Finanziers war.[2]

Die ANM engte sich bei ihrer Entstehung bewusst ein: Nicht nur als vordringlichstes Ziel, sondern als einziges überhaupt, stand die arabische Einheit auf ihrem Programm. Diese Einheit sollte unter allen Umständen erreicht werden, egal unter welchem Herrscher, unter welchem Regime und mit welchen Mitteln. Der individuelle Terror, die Ermordung „arabischer Verräter", die der angestrebten Einheit im Wege stünden, wurde nicht ausgeschlossen.

Der Erreichung des Zieles der arabischen Einheit war alles andere unterzuordnen. Streitigkeiten unter Arabern und ideologische Auseinandersetzungen waren verpönt. So konnte es nicht verwundern, dass die arabischen Kommunisten bald bevorzugtes Angriffsziel der ANM wurden. Sie wurden zur Hauptgefahr für die arabische Einheit deklariert, da ihre Klassenkampfparolen geeignet seien, die Araber in Nebenschlachten zu führen und die baldige Erreichung der Einheit zu verhindern.

Die ganze Weltanschauung der Mitglieder der Bewegung Arabischer Sozialisten wurden dem Hauptziel – der Einheit – untergeordnet, wobei es natürlich ideologisch, aber auch in der praktischen Politik, drunter und drüber gehen musste. Araber war gleich Araber, nicht etwa ein reicher oder ein armer Araber, nicht etwa ein Reaktionärer oder ein Progressiver. Der Kampf gegen Zionismus und Imperialismus sei ohne Unterschiede zwischen den Klassen durchzuführen, wurde verkündet. Der Kampf gegen den Zionismus wurde aber streng vom Kampf gegen die alten Kolonialmächte und vom Kampf gegen den amerikani-

---

2   Hanna S. und G. Gardner: Arab Socialism, A Documentary Survey; Leiden 1969

schen Imperialismus getrennt, weil es falsch sei, dies miteinander in Verbindung zu bringen.[3]

Die Bewegung entließ ihre Sympathisanten von der Universität mit der Parole „Einheit zuerst, Einheit zuletzt, Einheit über alles" in die einzelnen arabischen Länder: nach Syrien, in den Libanon, nach Jordanien, in den Irak, in den Jemen und nach Kuwait.

Schon bald nach der Gründung, als Gamal Abdel Nasser 1954 in Ägypten die Macht von Muhammad Nagib übernahm und die Parole des Panarabismus verkündete, wurden Entwicklung und schließlich Existenz der ANM von diesem Mann bestimmt aber auch bedroht. Einerseits bekam die Parole der arabischen Einheit durch Nasser eine neue Qualität, denn nun stand die Macht eines gewaltigen arabischen Staates hinter der Parole. Andererseits wollte Nasser die „arabische Einheit vom Ozean bis zum Golf" nicht als Einheit an sich, wie von der ANM proklamiert, sondern Nasser wollte die sozialistisch geprägte Einheit, ein „von allen Reaktionären, Feudalherrschern und Agenten des Imperialismus gereinigtes Arabien".

Zwar kam die ANM nicht umhin, Nasser mit der gängigen arabischen Formel vom „erleuchteten Führer" zu belegen und seine fortschrittlichen Parolen zu wiederholen. Die Bewegung war aber weder ihrer Struktur noch der Herkunft ihrer Führer nach in der Lage, die Gedanken und Ideen Nassers zu verinnerlichen und daher glaubhaft zu verbreiten.[4]

---

3   Organisation libanesischer Sozialisten: Limatha Harakat Al-Qaumiyyien Al-Arab (Warum die Bewegung Arabischer Nationalisten?); Beirut 1970

4   Nagi Allusch: Al-Thaura wal Gamahir (Die Revolution und die Massen); Beirut 1973

Die Führung der ANM brachte Nassers linker Kurs in eine komplizierte Lage. Die Parteibasis in allen arabischen Ländern nahm die Aktivitäten Nassers mit großer Begeisterung auf. Und da die Parteiführung Nasser offiziell unterstützte, begann die ANM-Basis auch die sozialistischen Parolen des ägyptischen „Raies" als ihre eigenen zu betrachten. Das Ergebnis war ein breiter Umorientierungsprozess der ANM, in dem die Führung von der Basis ideologisch überrollt wurde.

Die Kluft zwischen Führung und Parteibasis wurde unüberbrückbar, als Nasser im Jahre 1961 als Antwort auch den reaktionären Putsch in Syrien zu einem Schlag gegen Kapitalisten und Großgrundbesitzer ausholte, die Banken verstaatlichte und so die wirtschaftlichen Interessen des in- und ausländischen Großkapitals in Ägypten energisch antastete. Nasser wollte einen ähnlichen Putsch in Ägypten vermeiden, indem er die materielle Basis der potentiellen Putschisten verringerte. Die Basis applaudierte dem antikapitalistischen Kurs Nassers begeistert, die Führung konnte – da auch eigene Interessen tangiert worden waren – weniger Freude zeigen. Die ANM musste sich jedoch zu den Maßnahmen Nassers auch offiziell äußern und sie musste Stellung beziehen zu der Frage, ob der innerarabische Klassenkampf nun Vorrang vor der Forderung nach der arabischen Einheit haben sollte.

Die Basis der Partei und ihre aktiven Kader kamen aus der arabischen Kleinbourgeoisie, die sich eine gewisse Bildung leisten konnte, die aber im harten ökonomischen Kampf gegen ausländisches und inländisches Finanzkapital und Feudaladel standen. Die Zeit des Träumens von einer problemlosen arabischen Einheit war dieser Kleinbourgeoisie schnell vergangen. Die Feststellung Nassers, dass erst die Freiheit und dann die Einheit kommen muss, fand Zustimmung. Die Haltung der Basis und ihr sich veränderndes

Bewusstsein führte 1962 zum ersten Konflikt mit der Führung der ANM, die in ihrer Mehrheit aus großbürgerlichen Liberalen und Konservativen bestand. Der Konflikt kam auf dem Nationalen Parteitag der ANM offen zum Ausbruch. Zwei Strömungen machten sich auf dem Parteitag bemerkbar:

- eine fortschrittliche, reformistische Strömung verkörpert von den Vertretern der arabischen Kleinbourgeoisie. Sie forderte einen sozialistischen Weg zur arabischen Einheit nach nasseristischem Modell. Die Sprecher dieser Richtung waren Nayef Hawatmeh, der heutige Führer der „Demokratischen Volksfront für die Befreiung Palästinas" (DPFLP), dem linken Flügel der PLO; ferner Muhsin Ibrahim und Muhammad Kischli.[5]

- eine konservativ bestimmte Strömung, die sich vor allem in der Führung der Partei kristallisierte, die die Parole „Einheit um jeden Preis" weiter vertrat. Ihre Hauptvertreter waren Hani al-Hendi, Ahmed al-Khatib – und George Habasch, heute Chef der sich besonders radikal gebenden „Volksfront für die Befreiung Palästinas" (PFLP).

Nach heftigen Auseinandersetzungen kam es zu einem für eine kleinbürgerliche Partei typischen Kompromiss: Die ANM blieb weiterhin ohne ein klares politisches Programm, ihre Mitglieder aber durften den Kurs Nassers weiter lautstark, aber sehr allgemein gehalten, unterstützen.

---

5   Muhammad Kischli: Kapitalismus und Linke im Libanon; Europäische Verlagsanstalt; Frankfurt/M 1970

Ein solcher Zustand konnte natürlich nicht lange gut gehen. Die ANM-Linke begann ihre Forderungen immer präziser zu stellen und ihre Vorstellungen über Einheit und Sozialismus immer genauer zu definieren. Die Aussagen der ANM-Linken gewannen an Bedeutung, da sich in den Jahren bis 1966 die Auseinandersetzungen zwischen den arabischen Staaten, die in zwei Lager gespalten waren, zuspitzten. Die Führer der beiden Lager: Hier Nasser mit den Fortschrittlichen, dort König Faisal von Saudi-Arabien mit den Reaktionären. Die Linke der ANM begann die Parteidisziplin zu verlassen und die reaktionären Führer und Gruppen scharf zu attackieren. Zum Parteitag 1963 erschienen schon die meisten reaktionären Führer der ANM gar nicht erst, um Auseinandersetzungen aus dem Wege zu gehen und eine Niederlage samt Abwahl zu vermeiden. Eine radikale Kehrtwendung der Partei blieb so aus. Alles blieb in der Schwebe.

Auf dem Parteitag von 1964 versuchte die Rechte zurückzuschlagen und die sozialistische Entwicklung in der Partei zu stoppen. Es misslang gründlich. Und als beim Parteitag 1965 in die Führung der Partei fortschrittliche ANM-Mitglieder gewählt wurden, begann der Auszug der Rechten aus der Partei ganz. Kampflos überließen sie das Feld freilich nicht ihren Nachfolgern. Mit Hilfe ihrer reichen Hintermänner in Kuwait starteten sie in der arabischen Welt einen Hetz-Feldzug, der die Kunde verbreiten sollte, dass die Führung der ANM nun den Kommunisten in die Hände gefallen sei.

Die neue Führung der ANM beschloss für ihre Partei den sozialistischen Weg, die Reformen und sozialistischen Maßnahmen Nassers wurden vorbehaltlos unterstützt, der Nasserismus selbst zum Programm der Partei erhoben. Die ANM wurde in den arabischen Staaten zur Basis Nassers, ihre Anhänger wurden Nasseristen genannt und es gab sie in den meisten arabischen Ländern – nur nicht in Ägypten.[6]

Die Entwicklung der ANM brachte die Nasseristen in die Nähe anderer Parteien im arabischen Raum, die den sozialistischen Weg anstrebten, vor allem in die Nähe der Kommunisten und der Baathisten. Dies zwang die ANM dazu, ihren spezifischen Sozialismus zu definieren, was zuerst zu heftigen, dann zunehmend zu sachlichen Diskussionen führte. „Al-Hurriyyah" (Freiheit), das Blatt der ANM, wurde zum Forum dieser Auseinandersetzung, in der die nichtkapitalistischen Wege Ägyptens, Syriens, des Irak und Algeriens debattiert wurden.

Die Kommunisten vertraten in dieser Diskussion die Ansicht, dass die Häufung von Reformen wie: Enteignung des Großgrundbesitzes, Nationalisierung der ausländischen Banken und des ausländischen Kapitals, Verstaatlichung der Industrie und Schaffung eines starken staatlichen Sektors in der nationalen Wirtschaft, verbunden mit der antiimperialistischen Politik eines solchen Staates, zur Schaffung eines sozialistischen Klimas beitrage. Dieses Klima, so die Kommunisten, fördere das Entstehen sozialistischen Bewusstseins in der Gesellschaft und ermögliche schließlich den Sozialismus.

Die Frage, die aufgeworfen und beantwortet werden musste, war also: Kann ein fortschrittlich-reformistisch-nationales Regime eine Gesellschaft zum Sozialismus führen?

Diese Frage wurde von den Kommunisten und von der Baath bejaht.

Die ANM verwarf diese Theorie mehrheitlich. Sie erklärte, ihre Gesprächspartner würden eines außer Acht lassen,

---

6   Scharabi Hischam: Nationalism and Revolution in the Arab Word; Princeton (USA) 1966

nämlich den „Klassencharakter des fortschrittlichen Systems". Wer so rede wie die Kommunisten und die Baath, gehe wohl davon aus, dass sich der Apparat eines Staates bei der Entwicklung zum Sozialismus neutral verhalte oder diese Entwicklung gar fördere.

Genau das Gegenteil, erklärte die ANM, sei der Fall. Die Staatsapparate auch der fortschrittlichen Staaten (Syrien, Irak, Algerien und Ägypten) würden von Elementen beherrscht, die nicht die Interessen der Arbeiter und Bauern vertreten, sondern nur ihre eigenen Interessen und diejenigen der Klasse, der sie angehörten. Beamte, Juristen und Offiziere versuchten, sozialistische Maßnahmen zu blockieren, um ihre eigenen Privilegien und die ihrer Klassenbrüder nicht zu gefährden. Die ANM konnte dabei auf die Zustände in einigen arabischen Staaten hinweisen, vor allem auf die in Ägypten, wo zwar eine Reihe progressiver gesetzgeberischer Maßnahmen ergriffen worden waren, wo Verstaatlichungen und Nationalisierungen stattgefunden hatten, wo aber die Vertreter der Arbeiter- und Bauernklasse nur symbolische Macht hätten, die reale Macht jedoch nach wie vor in den Händen von Offizieren, opportunistischen Bürokraten und ehemaligen Helfershelfern des Königs Faruk liege.

Diese Analyse zeigte vor allem in Ägypten Folgen. Nasser war nicht geneigt, sich Belehrungen erteilen zu lassen, auch wenn diese von Nasseristen kamen. Sie wurden in Ägypten verfolgt wie zuvor schon die Kommunisten.

Nasseristen gegen Nasser

Die Reaktionen Nassers und die Auseinandersetzungen mit der Arabischen Linken führten die ANM in ihrer theoretischen Aussage weiter nach links. In den Jahren 1965 und 1966 wurde die Haltung der ANM zum Nasserismus und zum bisherigen arabischen Sozialismus zunehmend kritischer. Im Juli 1966 wurde das Exekutivkomitee der ANM zu einer Sondersitzung einberufen, um die veränderte Situation zu beraten. Die Führer der Partei einigten sich auf einige Grundsätze für die künftige Politik der ANM, darunter folgende:

- Bei der Analyse des Nasserismus müsse zwischen den verschiedenen Tendenzen der Nasseristen unterschieden werden, vor allem zwischen der nasseristischen Rechten und Linken. Die nasseristische Rechte, so wurde deklariert, beherrsche den ägyptischen Staatsapparat, die Basis in Ägypten sei hingegen links.

- Die nasseristischen linken Kader sollen sich unabhängig machen und sich mit der Basis der nasseristischen Bewegung solidarisieren. Aus dem ägyptischen Staatsapparat käme als Bündnispartner freilich nur Nasser selbst infrage,

- Als erste Konsequenz wurde die nasseristische Linke aufgefordert, die Arabische Sozialistische Union, also Nassers Lieblingskind, im Irak, in Syrien und in Ägypten selbst, zu verlassen, da diese von rechtsgerichteten Kräften dominiert sei.

Dies lief natürlich auf den Bruch mit dem Nasserismus hinaus, da die höfliche Haltung gegenüber dem „Raies" selbst nicht besonders honoriert werden konnte. Die Linken, die die ASU nicht aufgrund des Appells der ANM verließen, wurden von Nasser gefeuert: die „Al-Hurriyyah" wurde in Ägypten verboten.

Noch während diese Auseinandersetzung zwischen Nationalisten und Marxisten geführt wurde, brach der Sechstage-Krieg im Juni 1967 aus. Der Krieg und sein für die Araber schmähliches Ende führte in der Einstellung der meisten arabischen Parteien und Organisationen zu einer radikalen Veränderung. Die schnelle und verheerende Niederlage der arabischen Armeen versetzte dem Nasserismus, „dem Sozialismus ohne Basis", einen tödlichen Schlag und führte die Vertreter der arabischen Kleinbourgeoisie in eine Sackgasse. Die Völker Arabiens glaubten Reden und Versprechungen nicht mehr so wie bisher, viele Führer beantworteten das Murren und Aufbegehren mit verschärfter Unterdrückung, Verhaftung und Folter.

Auch die ANM war von Ausbruch und Ende des Krieges überrascht worden, hatte sich aber bereits eine Woche nach dem Krieg erholt und startete eine heftige Attacke gegen Nationalisten und Nasseristen. In einem Artikel mit der ironischen Überschrift: „Nein! Nasser hat sich nicht geirrt und die Araber haben nicht verloren", rechnete die Partei mit Nasser und den ihn umgebenden Opportunisten scharf ab. Die ANM erklärte, der Sechsstage-Krieg habe mit brutaler Härte klargemacht, dass die Vertreter des nationalen Kleinbürgertums mit ihren halbherzigen Reformen gescheitert seien und nur der verschärfte Klassenkampf zur Machtübernahme der Arbeiter und Bauern als fortschrittlicher Klasse führen könne. Dieser verschärfte Klassenkampf sei die einzig richtige Antwort auf die Niederlage der arabischen Staaten.

Damit begann ein Prozess, der innerhalb der nächsten eineinhalb Jahre die Bewegung zur eindeutig marxistisch-leninistischen Orientierung führen sollte. Am 10. Februar 1969 trat das Nationale Exekutivkomitee der ANM wieder zu einer Sondersitzung zusammen. Das Komitee war nun allein mit Vertretern der Linken besetzt. Nach eingehender Diskussion wurde eine Analyse der politischen Lage in der arabischen Welt und eine Analyse der Politik der ANM seit ihrer Gründung im Jahre 1948 erarbeitet. Die Analyse beinhaltete den endgültigen Bruch mit der Tradition und der Herkunft der ANM. Im Irak stimmte eine Mehrheit der Analyse zu, die rechte Minderheit verließ die Partei. Ähnliches geschah in Syrien, dem Libanon, in Jordanien und in den Staaten des Persischen Golfes. Im Südjemen hatte die Nationale Befreiungsfront, die aus der ANM hervorgegangen war, den Bruch mit der Tradition der Partei schon früher vollzogen und eine marxistisch-leninistische Richtung eingeschlagen. Eine Ausnahme bildete nur Kuwait: Die Mehrheit der kuwaitischen ANM bestand aus wohlhabenden Bürgern des Landes, die dem neuen Kurs verständlicherweise keinen Geschmack abgewinnen konnten.

Inzwischen hatte sich nach der Niederlage im Krieg gegen Israel der Widerstand der Palästinenser in der PLO organisiert, die nun nicht mehr hofften, dass die arabischen Staaten die Schaffung eines palästinensischen Staates und ihre Rückkehr in die von Israel okkupierte Heimat durchzusetzen imstande oder willens waren. Nun organisierte sich auch die marxistisch-leninistische Linie innerhalb der PLO und gründete die Volksfront für die Befreiung Palästinas (PFLP) unter Leitung von Georg Habasch, von der sich später die Demokratische Volksfront für die Befreiung Palästinas unter Nayef Hawatmeh abspaltete.

Das Arabische am arabischen Sozialismus – ein Fazit

Gott teilt laut Koran seinem Propheten mit, er habe den Koran in Arabisch diktiert, damit ihn die Araber auch verstehen. Dann wird die rhetorische Frage gestellt: „Seid Ihr (Araber, H. Dudin) nicht die ausgezeichnetste Nation, die der Menschheit gegeben wurde?" Gegeben natürlich von Gott.

Vor der Einführung des Islams fühlten sich die Nomaden nicht durch religiöse Bindung zusammengehörig, sondern allein durch die Stammesbindung. Das natürliche Zusammengehörigkeitsgefühl der Gruppe oder des Stammes reichte zur Aufrechterhaltung der Stammesordnung und für die Pflege von Beziehungen zu anderen Gruppen oder Stämmen aus.

Der arabische Geschichtsphilosoph Abdurrahman Ibn Khaldun hat dies „Asabiyyah" genannt.[1]

In seinem Lebenswerk, der von 1375 bis 1378 verfassten „Muqaddima", meinte er, dass die Asabiyyah entscheidend sei für die Bildung von Staaten, zur Gründung zivilisierter Gemeinschaften – und natürlich zur Kriegsführung. Religionen oder Ideologien hätten, so Ibn Khaldun, im Vergleich zu diesem natürlichen Zusammengehörigkeitsgefühl nur eine zweitrangige Bedeutung. In bestimmten Phasen seien Religion oder Ideologie jedoch sehr nützlich, weil sie die Asabiyyah stärkten.[2]

---

1   Kamil Ayyad: Die Geschichts- und Gesellschaftslehre Ibn Khalduns; Stuttgart und Berlin 1930
2   Emile Durkheime: Die Grundformen des religiösen Lebens, In: Soziologische Texte, Band 19, Luchterhand 1964

Diese Asabiyyah-Theorie ist von größter Bedeutung, weil der berühmteste Theoretiker des arabischen Nationalismus, Sati Husri, seine Nationalismus-These und sein ganzes Werk auf Ibn Khaldun stützte, das sich seinerseits um die Asabiyyah bewegte. Die arabischen Gruppierungen oder Parteien, die für den arabischen Sozialismus eintreten, haben ihrerseits wieder ausnahmslos als nationalistische Bewegungen begonnen.

Betrachten wir die anfangs zitierte göttliche Schmeichelei für die Araber näher, stellen wir fest, dass der Prophet Mohammed die Bedeutung der Asabiyyah für das Selbstbewusstsein der Nomaden hoch einschätzte. Der Nomade hält sich und seinen Stamm für auserwählt und für den Mittelpunkt der Welt. Die Suren des Korans hatten also die Aufgabe, dem Nomaden dieses Gefühl der Überlegenheit über andere (und die Natur) nicht nur zu erhalten, sondern zu stärken – mit einem feinen Unterschied: Jeder Nomade sollte künftig nicht mehr seine und seines Stammes Bedeutung an einem anderen Beduinen und einem anderen Stamm messen, sondern seine Bedeutung als Araber an den Nichtarabern schlechthin. Der Islam bekämpfte also das natürliche Zusammengehörigkeitsgefühl und die aus ihm resultierenden Handlungen nicht, sondern verlagerte sie nur von der Ebene des Stammes auf eine höhere Ebene.[3]

Über den Koran bekam der Araber „von Gott bestätigt", dass seine Einstellung zu sich selbst, zum Arabertum und zur Umwelt richtig ist. Der Islam als Ideologie verstärkte die natürliche Bande und verbreitete deren Geltungsbereich auf das gesamte Arabertum.

---

3   Ibrahim Haidari: Nachwort zu Ali Al-Wardi, Soziologie des Nomadentums, Soziologische Texte, 1973 Luchterhand

Das Hauptmerkmal, das die Seele des Nomaden beherrschte, das „Taghallub" (Siegenwollen), ist durch den Islam zur unübersehbaren Größe geworden. Der Islam nutzte das Taghallub auf optimale Weise: Mohammed und die Kalifen setzten die freigesetzten Kräfte der islamisierten Araber in Eroberungsfeldzüge um. Die eroberten Völker konnten zwischen drei Möglichkeiten wählen: Islam, Steuer, Schwert.

Sie unterwarfen sich also entweder der neuen Religion und nahmen sie an, aber sie wurde natürlich von den Arabern getragen; oder sie bezahlten „in Demut" die Steuern, den Tribut, was Unterwerfung gegenüber den arabischen Machthabern bedeutete; oder sie wurden mit dem Schwert zur sofortigen Abrechnung gen Himmel geschickt. Alle drei Möglichkeiten aber bedeuteten Sieg für den arabischen Muslim und eine Bestätigung seiner Überlegenheit.

Als die Zeit der Eroberungszüge, der „islamische Bewegungskrieg", mit der Gründung des islamisch-arabischen Reiches zu Ende ging, verringerten sich sozusagen automatisch die Möglichkeiten, Überlegenheit notfalls mit dem Schwert zu demonstrieren. Mehr noch: Die Kalifen begannen damit, Juden, Christen, Perser, Berber und andere Angehörige unterjochter oder bekehrter Völker als Beamte, Soldaten und gar Minister zu verwenden. Der Grund: Sie waren gebildet, also zivilisierter als die Nomaden und daher geeigneter, das komplizierte System des arabischen Reiches zu verwalten.

Dieser Prozess der Entfernung der Herrscher vom Untertanen widersprach dem nomadischen Charakter. Er duldet zwar einen Häuptling neben sich, quasi als Primus inter Pares (als Erster unter Gleichen) aber er liebt nicht den

Chef (Raies) über sich – noch dazu einen, der sich von Nichtarabern helfen und beraten lässt.[4]

So ist die Geschichte der Araber eine Geschichte ständiger Auflehnung gegen eigene Herrscher aus der Wut und der Verachtung der Nomaden, die nun Bauern, Städter und später Arbeiter wurden, gegenüber ihren Herrschern und deren Helfershelfern. Die Reaktion der Herrscher darauf war Misstrauen; und die Folge, dass sie immer mehr Fremde als Gehilfen um sich scharten, weil sie den eigenen Völkern nicht trauen konnten. Der Entfremdungsprozess der „oberen Araber" von den „unteren Arabern" war unaufhaltsam.

Dieser Entfremdungsprozess verlief parallel zum Zerfall des großarabischen Reiches. Die Fremden, die von Kalifen als Berater und Helfer ins Reich geholt worden waren, rückten unaufhaltsam an die Spitze der Splitterstaaten vor, die nach und nach aus dem zerfallenden arabischen Reich entstanden. Die Kluft zwischen Herrschern und Beherrschten bestand weiter, doch trat eine qualitative Veränderung in der Struktur der Herrschaftsverhältnisse ein. Die fremden Herrscher – Mamelucken, Tataren, Osmanen – unterdrückten zwar alle Araber, aber die größere Unterdrückung erfuhren die Minderheiten.

Die Mehrheit der arabischen Völker besteht aus sunnitischen Muslimen, und so versuchten die Fremdherrscher, vor allem die Osmanen über 400 Jahre lang, sich mit der Führungsschicht der Sunniten zu arrangieren. Die Zusammenarbeit funktionierte perfekt. Die Schicht der sunnitischen Führer wurde korrumpiert und unterdrückte ihrerseits die Nichtsunniten, die Schiiten, vor allem die

---

4   T. Khemiri: Der Asabiyya-Begriff in der Muqaddima des Ibn Khalduns in: Der Islam, Zeitschrift für Geschichte und Kultur des islamischen Orients, Bd. 23, 1936

Christen, aber auch kleinere muslimische Sekten wie die Alawiten und Drusen und ethnische Minderheiten wie die Kurden.

Die unterdrückten Minderheiten wehrten sich auf verschiedene Weise:

- Sie flohen in die Berge oder wanderten aus.

- Sie kapselten sich ab und vermieden jeden Kontakt mit anderen Gruppen.

- Sie versuchten durch die Entwicklung fortschrittlicher Ideen den Weg zu einem gemeinsamen Zusammenleben mit der Mehrheit zu finden. Eine solche Idee war der Sozialismus.

Es wäre sicherlich interessant, die Reaktionen der unterdrückten arabischen Minderheiten mit den Reaktionen der Juden in Europa zu vergleichen, die diese auf Verfolgung und Diskriminierung entwickelten. Hier wie dort finden wir einerseits den Rückzug ins Ghetto, hier wie dort finden wir aber auch, dass zu den hervorragendsten Köpfen der sozialistischen Bewegung Menschen aus den unterdrückten und diskriminierten Minderheiten gehören.

Der Widerstand der religiösen und ethnischen Minderheiten im arabischen Raum löste erneute Gegenreaktionen seitens der Mehrheit aus. Verfolgung, Unterdrückung und Diskriminierung wurden verstärkt. Tausende von Christen und Drusen starben unter den Schwertern der osmanischen Soldaten, und die muslimisch-sunnitische Mehrheit sah dies allzu häufig nicht einmal ungern.

Diese Situation verstärkte das Gefühl der Zusammengehörigkeit und die Opferbereitschaft bei den Minderheiten;[5] da sie aber mit den klassischen Ideologien (den Religionen) der Diskriminierung durch die Majorität nicht begegnen konnten, mussten andere Wege gefunden werden. Vertreter der Minderheiten begannen für eine liberalisierte Gesellschaft einzutreten, für eine weltlich und nicht religiös geprägte, in der alle Bürger die gleichen Chancen haben und in der alle Bürger vor dem Gesetz gleich sind.

Unter osmanischer Herrschaft, der Fuchtel der klerikalen Unterdrückung, konnte sich dies als gangbarer Weg erweisen, weil auch die ärmeren Schichten der sunnitischen Mehrheit davon profitiert hätten. Aber der Liberalismus erwies sich im ganzen dann doch als der falsche Weg, da in ihm die Oberschicht erneut die Führung übernahm und im Namen des Liberalismus herrschte, mit feineren Mechanismen der Unterdrückung, aber immerhin. Die gebildeten Führer der Minderheiten sahen daher im bürgerlich-liberalen Nationalstaat keine Chance für die Gleichberechtigung aller, sondern nur noch im Sozialismus.

Als in den 1920er Jahren im arabischen Raum die kommunistischen Parteien gegründet wurden, waren daher die Führungsfiguren dieser Parteien fast alle Angehörige der Minderheiten. Die stalinistische Haltung der kommunistischen Parteien aber, die dem Nationalismus der arabischen Völker verständnislos begegneten, sowie die Lage der Araber unter britischer und französischer Kolonialherrschaft, konnten den Kommunisten keinen Fortschritt bringen. Die Nichtbeachtung der nationalen Gefühle der arabischen Völker, ja die Verachtung dafür, erwies sich für sie als tödlich.

---

5   Muhsin Mehdi: Ibn Khalduns Philosophy of History, George Allen and Unwin Ltd., London 1958)

Die neuen Kolonialherren, die die Osmanen ablösten und „eigentlich" ja nur gekommen waren, um die unterdrückten Minderheiten zu befreien, erwiesen sich im Laufe der Jahre als ebenso schlimm wie die Türken. Wie die Osmanen arbeiteten sie, um ihre Herrschaft zu sichern, mit der Führungsschicht der Nationen, die meist identisch waren mit der sunnitischen Führungsschicht, zusammen, korrumpierten sie nach der bewährten Methode des Teilens und Herrschens.

Dies begünstigte die Parolen arabischer sozialistischer Parteien: Sie wollten die Führungsschicht, die mit den Besatzern zusammenarbeitete, beseitigen, und da die Führungsschicht fast ausschließlich aus kapitalistischen Händlern und Großgrundbesitzern bestand, bedeutete dies auch eine Veränderung der gesellschaftlichen Struktur und eine Entscheidung im nationalen Kampf zugunsten der Armen gegen die Reichen. Gleichzeitig mit der Beseitigung dieser dünnen, reichen und korrupten Oberschicht sollte der „wahre Charakter des Arabischen" wieder erweckt werden: Im Grunde eine Rückbesinnung auf die Werte des Nomadentums, ohne die negativen und einen modernen Gesellschaftsaufbau behindernden Erscheinungen dieser Lebensart zu übernehmen. Eine solche Perspektive konnte sowohl die Unterstützung der Nationalisten wie der Armen finden.

Im Verlauf des nationalen Befreiungskampfes, der immer noch nicht zu Ende ist, haben die Vertreter der religiösen und ethnischen Minderheiten, soweit sie sich für den Sozialismus entschieden haben, die Interessen der Gesamtheit ihrer Völker immer wirksamer vertreten als die Führer der Mehrheit. Nicht zuletzt ist dies ihrer intakt gebliebenen Asabiyyah zuzuschreiben.[6] Noch heute sind die meisten

---

6   Muhammad-Mahmoud Rabi: The Political Theory of Ibn Khaldun; Leiden 1967

Führer der sich sozialistisch nennenden arabischen Parteien und Gruppierungen Christen, Drusen oder Kurden.

Will man den Arabischen Sozialismus kurz definieren, käme der Wahrheit diese Deutung am nächsten: Arabischer Sozialismus ist eine linke Form des arabischen Nationalismus, in dem es Platz gibt für alle außer einer reichen, nichtstuerischen Oberschicht, die zudem identisch ist mit jener Schicht, die über Jahrhunderte hinweg fremden Besatzern dabei half, das Volk zu unterdrücken.

Dokumente

Aus der Verfassung der Baath

Die Verfassung der Partei, wie sie vom Gründungskongress verabschiedet worden ist. Nach dreitägigen Sitzungen hat der Gründungskongress der Partei die folgende Verfassung verabschiedet:

Grundprinzipien:

(1) Einheit und Freiheit der arabischen Nation. Die Araber sind eine Nation. Sie haben das natürliche Recht in einem Staat zu leben. Sie haben das Recht, ihr Schicksal allein zu bestimmen. Daher erklärt die Baath-Partei:

a) Die arabische Nation ist eine unteilbare politische und wirtschaftliche Einheit. Keine arabische Region kann ihre Lebensvoraussetzungen isoliert schaffen.

b) Die arabische Nation ist eine einzige kulturelle Einheit. Alle Unterschiede unter den Söhnen dieser Nation sind nicht echt und werden alle durch das Erwachen des Bewusstseins der Nation beseitigt.

c) Die arabische Nation gehört den Arabern. Sie allein haben das Recht, ihre Reichtümer und Möglichkeiten zu nutzen.

Der Charakter der arabischen Nation:

(2) Die arabische Nation hat klare Merkmale und Eigenschaften, die sich in ihrer Kultur manifestieren. Sie ist erneuerungsfähig und schöpferisch. Daher erklärt die Baath Partei:

a) Die Rede-, Versammlungs-, Glaubens- und Kultur-Freiheiten sind heiliges Recht des Menschen, das von keiner Macht geschmälert werden darf.

b) Der Wert des Menschen kann erst festgestellt werden, wenn ihm gleiche Chancen gegeben werden, nach seiner Arbeit für die Entwicklung und den Fortschritt der arabischen Nation.

(3) Die arabische Nation hat eine ewige Mission, die sich immer erneuert und ergänzt, deren Ziel die Erneuerung der menschlichen Werte ist, die Förderung des menschlichen Fortschritts und der Zusammenarbeit zwischen den Völkern. Daher erklärt die Baath Partei:

a) Der Imperialismus und alles, was mit ihm zusammenhängt, ist eine verbrecherische Erscheinung, die von den Arabern mit allen ihnen zur Verfügung stehenden Mitteln bekämpft werden muss. Den Völkern, die gegen den Imperialismus kämpfen, muss Unterstützung gewährt werden.

Die Menschheit hat ein gemeinsames Interesse, gleiche Werte und Kulturen. Die Araber zehren einerseits von der Kultur dieser Welt und geben ihr andererseits Impulse. Sie strecken die Hand den anderen Nationen in brüderlicher Absicht entgegen und kooperieren mit ihnen, um Systeme zu Schaffen, die für alle Nationen Frieden, Wohlstand und Fortschritt bringen.

Allgemeine Grundsätze:

§ 1 Die Baath Partei ist eine gesamtarabische Partei. Sie gründet Parteiorganisationen in allen arabischen Staaten. Sie betrachtet die regionalen Probleme einzelner arabischer Staaten nur vom Gesichtspunkt der gesamtarabischen Interessen aus.

§ 2 Die Zentrale der Gesamtpartei ist Damaskus. Sie kann aber in jede arabische Stadt verlegt werden, wenn dies das gesamtarabische Interesse erfordert.

§ 3 Die Arabische Sozialistische Baath Partei glaubt, dass der Nationalismus eine ewig lebendige Tatsache, und dass das Gefühl der nationalen Zusammengehörigkeit heilig ist.

§ 4 Die Baath ist sozialistisch. Sie glaubt, dass der Sozialismus eine Notwendigkeit ist, die aus dem Herzen der arabischen Nation kommt, weil Sozialismus das meist geeignete System ist, das der arabischen Nation die Chance gibt, ihre Möglichkeiten am vollkommensten zu nutzen und das ihren Fortschritt und die feste Brüderlichkeit unter den Söhnen der Nation garantiert.

§ 5 Die Baath ist eine Volkspartei. Sie glaubt an die Volksherrschaft und daran, dass das Volk die Quelle aller Macht ist, dass der Wert des Staates von den Massen kommt, die ihn tragen. Daher stützt sich die Partei in ihrer Arbeit auf das Volk. Sie wird die Verbindung zu den Massen festigen und alles tun, um das Niveau des Volkes auf den Gebieten der Gesundheit, des Geistes, der Wirtschaft und der Bildung zu heben, damit das Volk seine Rechte besser nutzen kann.

§ 6 Die Baath ist eine revolutionäre Partei. Sie glaubt, dass ihre Ziele, die arabische Nation zu einigen und den Sozialismus zu verwirklichen, nur durch Revolution zu erreichen sind, und dass das Warten auf Reformen und langsame Entwicklung die Verwirklichung dieser Ziele gefährden. Daher beschließt die Partei:

a) den Kampf gegen den Imperialismus und Kolonialismus bis zur endgültigen, vollkommenen Befreiung der arabischen Nation;

b) den Kampf um die Vereinigung der Araber in ei-nem Staat;

c) die Revolution gegen die korrupte Versklavung der Nation. Die Revolution muss auf allen Gebieten der Wirtschaft, des Geistes, der Gesellschaft und der Politik stattfinden.

§ 7 Die arabische Nation ist jener Teil der Erde, der von Arabern bewohnt wird. Er liegt zwischen der Türkei und Äthiopien, dem Atlantik und dem Mittelmeer.

§ 8 Die Sprache der Nation ist arabisch. Sie ist die Verkehrssprache und die des Staates.

§ 9 Die Fahne des arabischen Staates ist die Fahne der Revolution vom Jahre 1916.

§ 10 Araber ist, wer Arabisch spricht und auf dem Boden Arabiens lebt oder leben möchte und wer an seine Bindungen an die arabische Nation glaubt.

§ 11 Jeder, der eine rassistische antiarabische Bewegung gründet oder die arabische Nation verrät um imperialistischen Zielen zu dienen, hat die Nation zu verlassen.

§ 12 Die arabische Frau hat alle Rechte eines arabischen Bürgers. Die Partei kämpft darum, das Niveau der Frau zu heben, damit sie ihre Rechte auch nutzen kann.

§ 13 Allen Bürgern muss wirtschaftliche und politische Chancengleichheit garantiert werden. Auch in allen menschlichen Bereichen muss dies geschehen.

Die Innenpolitik der Partei:

§ 14 Das System im arabischen Staat ist ein parlamentarisches. Die Exekutive ist der Legislative direkt verantwortlich. Die Legislative wird direkt vom Volk gewählt.

§ 15 Die nationale Zusammengehörigkeit ist das einzige Band unter den Bürgern des Staates. Regionalismus, Rassismus, Stammesdünkel und religiöser Fanatismus sind zu bekämpfen.

§ 16 Das Verwaltungssystem des Staates ist dezentralisiert.

§ 17 Die Partei arbeitet für die Verbreitung des Geistes der Volksherrschaft und für die Ausarbeitung einer Verfassung, die allen arabischen Bürgern absolute Gleichheit vor dem Gesetz garantiert, und ihnen die Freiheit der Rede und der Wahl ihrer Vertreter ohne Zwang sichert.

§ 18 Für die arabische Nation soll, in aller Freiheit, eine einheitliche Gesetzgebung geschaffen werden, die den Erfahrungen der Nation und den Erfordernissen der modernen Entwicklung Rechnung trägt.

§ 19 Die Justiz ist von den anderen Organen des Staates unabhängig.

§ 20 Jedem Bürger, der in der arabischen Nation lebt, der sich vom Rassismus fernhält und der die arabische Sache unterstützt, sind die vollen Bürgerrechte zu erhalten.

§ 21 Im arabischen Staat gilt die Militärdienst-Pflicht.

Außenpolitik der Partei:

§ 22 Das arabische Interesse bestimmt den außenpolitischen Kurs des arabischen Staates.

§ 23 Die Araber kämpfen mit allen Mitteln darum, Kolonialismus und Imperialismus zu beseitigen und jede politische und wirtschaftliche Einmischung in die Angelegenheiten unserer Nation zu beenden.

§ 24 Da das arabische Volk die einzige Quelle der Macht ist, sind alle Abmachungen null und nichtig, die von arabischen Regierungen abgeschlossen wurden, wenn sie dem Interesse des Volkes zuwiderlaufen.

§ 25 Die arabische Außenpolitik ist Abbild des Wunsches der Araber, in Freiheit leben zu wollen und allen Völkern zu gestatten, in Freiheit zu leben.

Wirtschaftspolitik der Partei:

§ 26 Die Baath ist eine sozialistische Partei, die daran festhält, dass die Reichtümer der Nation dem Volk gehören.

§ 27 Die jetzige Verteilung der Reichtümer in der arabischen Nation ist ungerecht. Daher werden sie neu und gerecht unter den Bürgern verteilt.

§ 28 Die Menschen sind alle gleich. Daher verbietet die Partei die Ausbeutung der Arbeitskraft durch andere.

§ 29 Die gemeinnützigen Organisationen, die Institutionen, die Naturschätze, die Produktionsmittel und die Verkehrsmittel sind Eigentum des Volkes und werden vom Staat im Rahmen der allgemeinen wirtschaftlichen Planung geleitet.

§ 30 Der Landbesitz wird begrenzt nach der Fähigkeit des Besitzers das Land zu nutzen, ohne die Arbeitskraft anderer auszubeuten. Die Nutzung wird vom Staat beaufsichtigt.

§ 31 Das Eigentum an kleinen Industrieanlagen wird be grenzt.

§ 32 Die Arbeiter beteiligen sich an der Leitung ihrer Fabriken. Sie erhalten außer ihren vom Staat festgesetzten Löhnen Gewinnanteile ihrer Fabrik.

§ 33 Der Besitz von Immobilien ist allen Bürgern gestattet, ausgenommen sie vermieten ihn oder nutzen ihn zum Schaden anderer Bürger. Der Staat muss ein Minimum an Immobilienbesitz für alle Bürger garantieren.

§ 34 Besitz und Vererbung sind Naturrechte, die im Rahmen der nationalen Interessen geschützt werden.

§ 35 Das Geldverleihen zu Zinsen unter den Bürgern ist verboten. Es wird eine einzige Staatsbank gegründet, die die Währung ausgibt, die Staatsprojekte finanziert, landwirtschaftliche und Industrie-Projekte.

§ 36 Der Staat kontrolliert den Innen- und Außenhandel, um die Zwischenhändler zwischen Produzent und Konsument auszuschalten, das Nationalprodukt zu schützen und die Handelsbilanz in den Griff zu bekommen.

§ 37 Es ist ein vollkommenes Programm zur Industrialisierung der arabischen Nation auszuarbeiten, um das Nationalprodukt zu entwickeln und die Industrieproduktion in jeder Region nach den Möglichkeiten und den Bedürfnissen dieser Region zu richten.

Gesellschaftspolitik der Partei:

§ 38 Die Familie:

a) Die Familie ist die Grundzelle der Nation. Der Staat hat sie zu schützen, zu unterstützen und für ihr Glück Sorge zu tragen.

b) Die Kindererzeugung ist Sache der Familie. Der Staat hat sie aber zu fördern und für die Gesundheit und Erziehung der Kinder zu sorgen.

c) Eheschließung ist ein nationales Gebot. Der Staat hat sie zu fördern und zu erleichtern.

§ 39 Der Staat hat Krankenhäuser, Sanatorien, medizinische Stellen für Vorbeuge-Untersuchungen und Ambulanzen zur Verfügung zu stellen. Diese Institutionen und Einrichtungen müssen in der Lage sein, die Bedürfnisse der Bürger voll zu befriedigen und ihnen alle erdenklichen Hilfen kostenlos zur Verfügung zu stellen.

§ 40 Die Arbeit:

a) Arbeit ist Pflicht für jeden Arbeitsfähigen. Der Staat hat jedem Bürger Recht auf eine geistige oder körperliche Arbeit zu sichern.

b) Das Einkommen aus der Tätigkeit muss dem Bürger einen würdigen Lebensstandard garantieren.

c) Der Staat versorgt alle Arbeitsunfähigen.

d) Es wird eine gerechte Gesetzgebung verabschiedet, die die Arbeitszeit bestimmt und bezahlten Jahresurlaub und bezahlte Wochen-Feiertage vorsieht.

e) Den Arbeitern ist gestattet, freie Gewerkschaften zu gründen. Der Staat hat sie dabei zu unterstützen, damit die Arbeiterschaft ein Instrument zur Verteidigung ihrer Rechte in die Hand bekommt. Es werden Arbeitsgerichte gebildet, in denen Staat, Gewerkschaften, Bauerngenossenschaften und Industrie- und Landwirtschafts-Direktoren vertreten sind. Sie haben die Aufgabe, Streitigkeiten zwischen Arbeiter und Arbeitgeber zu schlichten.

§ 41 Bildung und Aufklärung in der Gesellschaft:

a) Die Partei arbeitet für die Allgemeinbildung des Volkes, die menschlich, fortschrittlich, arabisch und national sein muss. Die Bildung muss tief und umfassend sein und die ganze Bevölkerung erfassen.

b) Der Staat ist verantwortlich für den Schutz des gesprochenen, gedruckten und veröffentlichten Wortes, für die Freiheit der Presse und Demonstrationsrecht.

c) Die geistige Arbeit ist heilig. Der Staat hat Kunst und Wissenschaft zu schützen und zu fördern.

d) Es muss Raum sein für die Gründung von Klubs, Parteien, Jugendorganisationen und für die Nutzung des Rundfunks und des Fernsehens durch diese.

§ 42 Klassenunterschiede und Klassenprivilegien sind zu beseitigen. Solche Unterschiede konnten nur in einem korrupten System entstehen. Daher kämpft die Partei auf der Seite der ausgebeuteten und unterdrückten Klassen der Gesellschaft, um diese Privilegien und Unterschiede zu beseitigen, damit alle Bürger ihre Menschenwürde erhalten und gleiche Chancen in einer menschlichen, gerechten Gesellschaft.

§ 43 Das Nomadentum ist ein primitiver Zustand der gesellschaftlichen Entwicklung. Es lässt einen Teil der Gesellschaft unproduktiv und hemmt damit die Entwicklung der Gesellschaft. Die Partei kämpft für die Sesshaftigkeit der Nomaden und für die Abschaffung der Stammesgesetze sowie für die Verteilung von Land an die Nomaden, um sie sesshaft zu machen.

§ 44 Erziehung- und Kulturpolitik: Die Partei beschließt: Alle Bereiche des geistigen, kulturellen, wirtschaftlichen, politischen, künstlerischen und baulichen Lebens müssen einen arabischen Charakter haben, der das Band der Nation mit ihrer ruhmvollen Vergangenheit herstellt und stärkt.

§ 45 Die Erziehung ist Sache des Staates. Alle privaten in- und ausländischen Erziehungsinstitutionen sind zu schließen.

§ 46 Alle Phasen der Bildung und Erziehung, Schule wie Hochschule, sind dem ganzen Volk zugänglich zu machen.

§ 47 Es müssen moderne Berufsschulen eingerichtet und kostenlos den Lernwilligen zur Verfügung gestellt werden.

§ 48 Lehrer dürfen nur Araber sein, außer im Hochschulbereich.

§ 49 Die Grundprinzipien der Verfassung dürfen nicht geändert werden. Die übrigen Paragraphen können mit Zweidrittel-Mehrheit des Parteitages geändert werden, auf Vorschlag des Exekutivkomitees oder auf Vorschlag eines Viertels des Parteitages mit einem Zehntel des Exekutivkomitees.

Dieses Dokument wurde von der ersten Parteikonferenz der Baath-Partei am 6. April 1947 in Damaskus verabschiedet.

Dokumente zum Sozialismus Nassers

Zur Form unserer angestrebten Gesellschaft:

Es scheint mir, dass die Form der von uns angestrebten sozialistischen, kooperativen Gesellschaft in einigen Köpfen noch nicht klar genug ist.

Der demokratische, kooperative Sozialismus ist nicht nur eine Parole oder ein Rahmen. Er ist in der Tat eine korrekte Beschreibung unserer Gesellschaft und der Natur der zwischenmenschlichen Beziehungen in ihr.

Der demokratische, kooperative Sozialismus ist auch der Weg zur Bestimmung der eigenen Zukunft durch das Individuum. Er ist der Weg zur Bestimmung der wirtschaftlichen und politischen Probleme und deren Lösung und Beherrschung. Er stellt das Gleichgewicht zwischen Rechten und Pflichten her. Daher ist dieser Sozialismus die wirtschaftliche und gesellschaftliche Grundlage, auf der die Entwicklung aller geistigen und menschlichen Kräfte der Nation basieren.

Zur Rolle des Staates

Die Schaffung der demokratischen, kooperativen, sozialistischen Gesellschaft ist keine leichte Sache. Das ist nicht einfach ein Entwicklungsplan, sondern ein permanenter Kampf um den Reichtum und das Einkommen der Gesellschaft zu mehren. Ein Kampf für die gerechte Verteilung des Einkommens, ein Kampf um die alten, bestehenden Apparate durch einen neuen Geist führen zu lassen.

Der Staat als die Kraft, die die Wünsche und Vorstellungen der Bürger symbolisiert, aber auch ihre wirtschaftlichen Interessen vertritt, der Staat als ein Instrument zur Sättigung des kulturellen materiellen und geistigen Hungers der Menschen, der Staat als Planungs- und Durchführungsorgan: Er muss alles tun, um das Einkommen der Menschen zu steigern und das Gesamteinkommen gerecht unter den Menschen zu verteilen. Wenn der Staat nicht verantwortungsbewusst handelt, kann sich zwar das Nationaleinkommen in zehn Jahren verdoppeln, aber das Mehr an Reichtum in den Taschen von einigen Wenigen verschwinden, statt der gesamten Gesellschaft zu gehören.

Wenn also das Ziel, die sozialistische Gesellschaft zu verwirklichen, aus den Augen verloren wird, und nicht entsprechend geplant und durchgeführt wird, dann werden bei zunehmendem Gesamteinkommen der Gesellschaft die Reichen immer reicher und die Armen immer ärmer.

Die Wichtigkeit der Genossenschaften

Wenn wir die demokratische, kooperative, sozialistische Gesellschaft schaffen wollen, dann müssen wir dem kleinen Produzenten besondere Aufmerksamkeit widmen. Der kleine Produzent, das sind die Besitzer kleiner Fabriken, Handwerker auf dem Lande, die kleinen Bauern, deren Möglichkeiten im Vergleich zu den reichen Landbesitzern sehr beengt sind. Die Beachtung dieser Menschen ist für unsere Entwicklung von größter Bedeutung.

Nur Kooperativen und Genossenschaften sind in der Lage, aus diesen schwachen Produzenten eine starke wirtschaftliche Kraft zu machen. Sie befreien die kleinen Produzenten vom Einfluss der Großen und van der Ausbeutung durch sie. Sie lösen auch die Probleme, die die Schaffung eines Verwaltungsapparates mit sich bringt.

Die Kooperativen sind die Grundlage der sozialistischen Gesellschaft. Wenn die Gesellschaft sich solcher Kooperativen bedient, und wenn diese ihrerseits mit dem staatlichen

Sektor der Wirtschaft eng zusammenarbeiten, dann kann die wirtschaftliche, gesellschaftliche und politische Entwicklung vorangetrieben werden. Wenn wir also die sozialistische Gesellschaft schaffen wollen, dann müssen wir alle Investitionen, ob privat oder staatlich, in der Hand haben und sie lenken.

Warum sie „Zurück in die Kasernen" schrien

Unsere Revolution war vom ersten Tag an Zielscheibe von Angriffen der Großgrundbesitzer. Warum? Weil die Großgrundbesitzer merkten, dass die Revolution sie aus der Macht verdrängt hatte, und dies bedeutete, wie sie richtig vermuteten, das Ende der Versklavung von Millionen ägyptischer Bauern. Auch das Großkapital hat uns angegriffen, das lange mit den Feudalisten gemeinsam regiert hatte. Warum? Weil es wusste, dass die Revolution das Ende der Diktatur des Kapitals bedeutet, und die Schaffung der sozialen Gerechtigkeit.

Die Mitläufer, die lange von den Resten dessen gelebt hatten, was Kapitalisten und Feudalisten verzehrten, griffen uns auch an, weil sie wussten, dass von unserem Tisch keine Reste mehr für Mitläufer fallen würden. All diese Angriffe, von innen wie von außen, waren nichts als der Versuch, Zustände zu verteidigen, die wir vom Kolonialismus übernommen hatten.

Nach zwei Monaten der Revolution sagten sie uns: „Geht zurück in die Kasernen und überlasst das Regieren denjenigen, die das Regieren verstehen". Und: „Überlasst die Politik den Politikern." Wer hat denn regiert? Wer waren diese Politiker?

Regiert haben die Lakaien des Kolonialismus, Kapitalisten und Großgrundbesitzer zusammen mit einem Haufen von Opportunisten und Mitläufern.

Sie sagten, wir sollten „zur Demokratie zurückkehren" – nach zwei Monaten Revolution. Gab es denn überhaupt schon eine Demokratie, zu der wir zurückkehren sollten? Können wir die Herrschaft der Kapitalisten und Feudalisten Demokratie nennen? Können wir Demokratie sagen, wenn fünf Prozent alles im Lande besitzen? Können wir die Herrschaft einer dünnen Schicht über das Volk Demokratie nennen?

Die einzige Bezeichnung für einen solchen Zustand ist doch Diktatur des Kapitals, Diktatur der Feudalisten.

Demokratie kann nicht per Gesetz geschaffen werden oder durch die Wahl eines Parlaments. Demokratie kann nur bestehen, wenn die Macht des Kapitals beseitigt wird, wenn die Ausbeutung und die Feudalherrschaft beseitigt werden. Es gibt keine Freiheit ohne Gleichheit, und es gibt keine Demokratie ohne Gleichheit.

Kapitalisten und Feudalisten haben uns mit allen Mitteln bekämpft, weil sie ihre Interessen verteidigen wollten. Aber wir haben alle Schlachten gegen sie gewonnen.

Was bedeutet Volk?

Als wir unsere politische Revolution durchführten, waren wir entschlossen, den Kolonialismus und dessen Lakaien zu beseitigen und unser Volk unter der Flagge des Patriotismus zu einigen.

Heute gibt es nationale Einigkeit, und es gibt eine arabische Nation, die versucht, ihre Ziele zu erreichen. Der Imperialismus konnte uns bis heute nicht trennen, weder im Namen der Religion noch mit rassistischen Parolen.

Wir haben unsere politischen Ziele erreicht: Wir haben den Kolonialismus beseitigt, den Imperialismus erfolgreich bekämpft, die imperialistische Allianz von uns ferngehalten, die Lakaien des Imperialismus aus unserem Lande verjagt.

Dann gingen wir zu einer anderen Revolution über: zur gesellschaftlichen Revolution. Hier bekämpften wir das Großkapital, die Großgrundbesitzer, die Ausbeutung und die Knechtschaft. Wir wollen nicht, dass eine Klasse die andere beherrscht oder ausbeutet, wir wollen die soziale Gerechtigkeit, die Gleichheit aller.

Unser System wird unter keinen Umständen die Herrschaft einer Klasse sein, damit keine andere Klasse unterdrückt wird. Wir wollen eine Volksherrschaft, in der die Klassenunterschiede sich erst abschwächen und dann ganz verschwinden.

Für diese Ziele müssen wir immer arbeiten.

Dies ist unser System. Dies ist unsere Republik, von der wir sagen, dass sie ein Platz der Freiheit ist. Dies ist unser Volk, das für die Freiheit ist. Dieses Volk hat niemals um diese Ziele gefeilscht, ließ sich nie beirren. Es war immer bereit, dafür Blut zu opfern.

Was ist das, Volk? Das Volk ist der Arbeiter, der Bauer. Das Volk war niemals der Pascha, der Kapitalist und der Großgrundbesitzer. Sie sind die Vertreter von Klassen, die Feinde des Volkes sind.

Sozialismus und Religion

Der Staat, den der Islam errichtet hat, und den Mohammed, unser Prophet gründete, war ein sozialistischer Staat. Mohammed war der erste, der eine Politik der Vergesellschaftung betrieb. Es gibt einen Spruch Mohammeds, in dem er sagt: „Die Menschen sind Partner in drei Dingen: dem Wasser, dem Gras und dem Feuer." Manche Menschen sagten auch: Bei Salz. In jenen Tagen waren Wasser und Gras die Lebensgrundlagen für die Menschen.

Mohammed sagte, die Menschen seien Partner in diesen drei Dingen, damit keiner allein das Weideland in Anspruch nähme und sagte, „dies ist mein Eigentum".

Die Vergesellschaftung unterscheidet sich von dieser Partnerschaft.

Wenn wir uns heute mit der Gesellschaft von damals vergleichen, stellen wir fest, dass die Menschen damals auf Weideland lebten, dass ohne Gras und Wasser kein Leben möglich war. Heute aber sind für uns Fabriken und Landwirtschaft gleich lebensnotwendig.

Der islamische Staat war der erste sozialistische Staat, auch nach Mohammed. Kalif Omar hat Ländereien beschlagnahmt und sie auf die Armen verteilt.

Aber die religiösen Führer bei uns, die Scheichs, Muftis und Imame, haben die Religion immer nach dem Geschmack ihrer Brötchengeber interpretiert, nach dem Willen der Feudalisten und Kapitalisten.

Diese religiösen Führer sind Knechte der Reaktion, Söldner des Kapitals. Sie haben uns ständig betrogen und immer verschwiegen, dass es in allen Religionen, im Christentum, im Judentum und im Islam, Gebote gibt, deren Einhaltung den Sozialismus schaffen hilft.

Was bedeutet Sozialismus?

Sozialismus, wie wir ihn verstehen, bedeutet gesellschaftliche Entwicklung für das Volk und in seinem Interesse. Es ist nicht nur Entwicklung, um den Lebensstandard einiger Weniger zu heben, die in der Vergangenheit von der Ausbeutung des Volkes lebten. Es geht darum, der Mehrheit des Volkes einen besseren Lebensstandard zu bringen.

Wie gehen wir von einer Entwicklungsphase zur anderen? Wir wollen das Wirtschaftssystem, das auf Ausbeutung und Profit basiert, durch ein sozialistisches, gerechtes, kollektives System ersetzen.

Das soll im Interesse der Mehrheit – und nicht nur einer Schicht – geschehen. Wir wollen den Menschen von der Ausbeutung durch den Menschen, die Gesellschaft von der Unterdrückung und Ausbeutung durch einen Teil von ihr befreien.

Wir achten die Prinzipien der sozialen Gerechtigkeit bei allen Aktivitäten und bei Maßnahmen des Staates. Wir arbeiten dafür, dass das Kapital in den Dienst der Volkswirtschaft gestellt wird, und nicht, dass die Volkswirtschaft im Dienste einiger Kapitalisten steht. Wir arbeiten an der Stärkung der sozialen Sicherung, und wir zeigen in der Praxis, dass Solidarität in dieser Gesellschaft mehr bedeutet als nur ein Gebot der Verfassung.

Die Führung der Wirtschaft muss in der Hand des Staates liegen, der seinerseits die Gesellschaft vor der Ausbeutung durch eine Klasse schützt. Nur der Staat kann alle Interessen berücksichtigen. Die straffe Führung in Politik und Wirtschaft ist die Garantie für die Schaffung einer freien, sozialistischen Gesellschaft.

Quellen:

Alle in diesem Abschnitt zitierten Rede-Ausschnitte Nassers sind in dern 40-bandigen Werk „Chutab wa Tasrihat" (Reden und Interviews) enthalten, die das Informationsministerium in Kairo herausgegeben hat.

Das Ende der ANM

Der verlorene Sechstagekrieg brachte einen Linksschwenk der arabischen sozialistischen Organisationen mit sich. Die radikalste Schwenkung vollzog die Bewegung Arabischer Nationalisten (ANM): Sie löste sich auf. Im Folgenden dokumentieren wir Auszüge aus der Selbstauflösungs-Deklaration. Aus der ANM-Linken wurden in den verschiedenen arabischen Ländern verschiedene marxistisch-leninistische Parteien, so im Südjemen die dortige Befreiungsfront NLF, in Palästina die Volksfront für die Befreiung Palästinas PFLP.

Seit der Niederlage vom 5. Juni 1967 erlebt die ANM in allen ihren Organisationen und auf allen Ebenen tiefgreifende Umwälzungen, die zur Entscheidung der Kämpfe zwischen den beiden Flügeln der Bewegung (marxistischer und bürgerlicher, H.D.) führen werden. Diese Kämpfe müssen organisatorische Konsequenzen nach sich ziehen.

Das Nationale Exekutivkomitee der ANM, das jetzt die Linke in der Bewegung repräsentiert, studierte auf seiner Sitzung im Monat Februar 1969 diese Entwicklungen und ihre Auswirkungen in allen arabischen Regionen. Nach der Diskussion und Analyse dieser Entwicklungen fasste das Exekutivkomitee folgende Beschlüsse:

1. Was sich innerhalb der Bewegung auf der gesamtarabischen Ebene abspielte, bedeutet nicht nur eine Spaltung der ANM. Es bedeutet vielmehr, dass diese Bewegung und alles, was sie historisch symbolisiert, zu Ende geht. Die Rechte, die die Bewegung gründete, wurde endgültig beseitigt. Die Mehrheit der Bewegung, die den proletarischen Marxismus-Leninismus

vertritt, hat keinerlei Verbindungen mehr mit den Ideen und Absichten, die zur Gründung der ANM führten. Der Sieg der Linken innerhalb der Bewegung beendet die Existenzberechtigung dieser Bewegung insgesamt und die Linke geht ihren neuen Weg, ohne die Last der letzten fünfzehn Jahre ANM tragen zu müssen.

2. Wenn die Rechte der ANM organisatorisch ausgeschaltet werden konnte und die Linke einen neuen Weg geht, so bedeutet dies noch nicht alles. Es ist die Praxis der neuen Bewegung, die zeigen wird, dass sie eine marxistisch-leninistisch-proletarische Bewegung ist. Die Analyse der Situation, die das Exekutivkomitee herauszugeben beschloss, wird den ideologischen Rahmen unseres neuen Wegs zeigen.

3. Da die Linke sich organisatorisch und inhaltlich von der ANM trennt, diese Linke aber die Mehrheit der alten Bewegung verkörpert, sieht sie keinen Anlass mehr, den Namen „Bewegung arabischer Nationalisten" zu führen. Jede Organisation in jedem arabischen Land muss nun selbst entscheiden, unter welchem Namen sie arbeiten will.

4. Die Linke unserer Organisation in jedem arabischen Land muss aber wissen, dass eine Änderung des Namens allein nicht wie ein Zaubermittel wirken wird und automatisch aus der jeweiligen Organisation eine marxistisch-leninistische Partei machen wird. Nur die Art, wie die jeweilige Gruppe ihrer Verantwortung gerecht wird, und die Methoden, mit denen sie den Kampf führt, entscheiden über ihren Charakter.

5. Diese Neu-Orientierung zeigt, dass die zentralen Beziehungen der verschiedenen Gruppierungen in den

Regionen nach klaren demokratischen Prinzipien gestaltet werden müssen. Diese Beziehungen werden nicht mehr Beziehungen zwischen den verschiedenen Organisationen einer einzigen Partei sein, wie dies in der ANM der Fall war. Sie wird eine Beziehung zwischen unabhängigen und autonomen Parteien sein, die sich gegenseitig helfen und Erfahrungen austauschen.

Diese Erklärung, die das Exekutivkomitee abgibt bedeutet nicht, dass die ANM in der Praxis sofort aufhören wird, zu bestehen. Es kann sein, dass die Rechte versucht, sich neu zu reorganisieren um ihre Arbeit unter dem Namen der Bewegung arabischer Nationalisten fortzusetzen. Dies wird aber ein Schritt sein mit dem wir nichts zu tun haben.

Exekutivkomitee der Bewegung arabischer Nationalisten, 10. Februar 1969

Ausgewählte Daten
zum arabischen Raum

Ägypten:

Einwohner in den 1970ern: ca. 35 Millionen; Einwohner 2016: fast 90 Millionen. Hauptstadt: Kairo. Staatliche Organisation: ab ca. 3400 vor der christlichen Zeitrechnung unter dem ersten Pharao Menes, 1517 osmanisch, 1798 französisch; 1882 britisches Protektorat, 1922 unabhängiges Königreich, 1953 Republik.

Irak:

Einwohner in den 1970ern: ca. 10 Millionen; Einwohner 2011: ca. 30 Millionen. Hauptstadt: Bagdad. Staatliche Organisation seit 635 unter dem arabischen Kalifat, 1534 bis 1918 osmanisch, dann Königreich unter englischem Protektorat, 1958 Republik.

Jemen (Norden):

Einwohner in den 1970ern: 6 Millionen, Hauptstadt Sanaa. Staatliche Organisation: ab 630 Teil des arabischen Kalifats. 1538 bis 1733 osmanisch, dann eigenes Scheichtum, ab 1839 britisch, 1918 unabhängig als Königreich, 1962 Republik. Volksrepublik Jemen (Süden): Einwohner in den 1970ern: 1,4 Millionen, Hauptstadt Aden. Staatliche Organisation wie Nord-Jemen bis 1882, dann britische Kolonie (Protektoratsverträge mit Stammesführern), ab 1963 bewaffneter Kampf gegen Briten, 1967 Volksrepublik. Einwohner im vereinigten Jemen heute: ca. 25 Millionen.

Jordanien:

Einwohner in den 1970ern: 2,3 Millionen. Einwohner 2016: ca. 6,5 Millionen. Hauptstadt: Amman. Staatliche Organisation: Bis 1918 osmanisch, dann Teil des britischen Mandatsgebiets Palästina, 1922 selbstständiges britisches Mandat und Königreich, seit 1946 selbstständig.

Saudi-Arabien:

Einwohner in den 1970ern: 7,8 Millionen. Einwohner 2016: ca. 30 Millionen. Hauptstadt Riad. Staatliche Organisation: Nach arabischem Kalifat und osmanischer Herrschaft (ab 1517) Reich der Wahhabiten, die 1902 von Kuwait aus Saudi-Arabien eroberten. 1932 Proklamation des Königreiches.

Syrien:

Einwohner in den 1970ern: 6,4 Millionen. Einwohner 2011: ca. 20 Millionen. Hauptstadt: Damaskus. Staatliche Organisation: römisch (63 v. Chr.), arabisches Kalifat, dann 1516 bis 1918 osmanische Herrschaft, 1920 bis 1941 französisches Mandat, 1941 Republik.

Libanon:

Einwohner in den 1970ern: 2,8 Millionen. Einwohner 2016: ca. 4 Millionen. Hauptstadt: Beirut. Staatliche Organisation: römisch (63 v. Chr.), arabisch (636), 1516 osmanisch, nach mehrfachen französischen Interventionen ab 1920 französisches Mandat. 1926 endgültige Trennung von Syrien (Auflösung Großsyriens), 1941 Republik.

Chronologie

630	Eroberung Mekkas durch die Muslime
661	Damaskus wird Hauptstadt des Kalifats
786	Bagdads Blütezeit als Hauptstadt des Kalifats
1072	Seldschuken aus Mittelasien erobern arabischen Raum
1243	Einfall der Mongolen und Zerfall des Seldschuken-Reichs
1299	Osmanisches Reich wird gegründet
1571	Niederlage der osmanischen Flotte bei der Seeschlacht von Lepanto gegen die „Heilige Liga" des Vatikans, Spaniens und Venedigs; Beginn des Niedergangs des osmanischen Weltreichs
1768	Aufstand des von den Türken eingesetzten Mameluken Ali Bey in Ägypten. Ägypten wird autonom innerhalb des Osmanischen Reichs
1773	Die Wahhabiten erobern Riad im Kampf gegen die Osmanen

1798   Ägypten wird von Frankreich besetzt, fällt aber
        1801 wieder unter osmanische Herrschaft

1860   Entstehung der Jungtürkenbewegung

1863   Butrus Bustani gründet die erste national-arabi-
        sche Schule: die Patriotische Schule in Syrien

1868   Die spätere „American University" wird in Bei-
        rut gegründet. Sie ist Ausgangspunkt der natio-
        nalen und später sozialistischen Bewegungen in
        Arabien

1869   Eröffnung des Suezkanals. Vertragsgemäß soll er
        99 Jahre der britisch-französischen Kanalgesell-
        schaft gehören

1882   Ägypten wird de facto britisches Protektorat

1897   Erster Zionistenkongress in Basel; Theodor
        Herzl fordert jüdische Heimstätte in Palästina

1909   Gründung des Literarischen Klubs in Syrien.
        Ziel ist ein unabhängiger arabischer Staat

1910   Gründung der Al-Qahtanija, ein irakischer
        Geheimbund von Offizieren für die arabische
        Unabhängigkeit

1911	„Jungarabische Gesellschaft" für arabische Unabhängigkeit in Syrien und Libanon gegründet
1913	Arabischer Unabhängigkeitskongress in Paris
1914	Ägypten wird offiziell britisches Protektorat
1916	Im Sykes-Picot-Abkommen vereinbaren Frankreich und England die Aufteilung des ostarabischen Raums
1917	Der britische Außenminister Arthur James Balfour verspricht dem Zionistenführer Lionel Walter Rothschild Palästina
1918	Das Osmanische Reich zerfällt
1921	Gründung der kommunistischen Partei in Ägypten
1925	Syrischer und libanesischer Befreiungskrieg gegen Frankreich (bis 1927) scheitert
1930	Kommunistische Partei in Syrien und im Libanon gegründet
1933	Beginn der Erdölförderung in Saudi-Arabien

1934   Kommunistische Partei im Irak gegründet

1941   Syrien und der Libanon proklamieren Unab-
            hängigkeit, doch erst 1946 ziehen die französi-
            schen Truppen ab

1942   Formierung der „Freien Offiziere" in Ägypten

1945   Treffen zwischen Abdul Aziz ibn Saud und
            Franklin D. Roosevelt. Daraus entsteht das bis
            heute enge Bündnis zwischen Saudi-Arabien
            und den USA

1946   Erste Ölbohrungen in Kuwait

1947   Gründung der Baath-Partei in Syrien

1948   Staatsgründung Israels und erster arabisch-israe-
            lischer Krieg

            Jordaniens König Abdallah I. verkündet die
            Vereinigung Transjordaniens mit dem nicht
            von Israel besetzten Westpalästina zu Jordanien.
            1951 wird Abdallah von einem Palästinenser er-
            schossen. Später wird Hussein König

            Im Nordjemen wird der reaktionäre Imam Yah-
            ya ermordet. Reformen gegen islamischen Kle-
            rus, Beginn antibritischer Politik

1949	Erste Erdölgewinnung in Katar

„Freie Offiziere" wählen in Ägypten Nasser zu ihrem Präsidenten

1951	Gründung einer Nationalen Union Südarabiens im Südjemen mit dem Ziel der Unabhängigkeit

Ägypten kündigt Suezabkommen. Briten besetzen Ismailia und Port Said

1953	Ägypten wird Republik

1955	Irak und die Türkei werden mit dem Bagdad-Pakt in die US-Strategie für die Region eingebunden

1956	Nasser wird ägyptischer Präsident

1956	Suezkanal wird verstaatlicht

Gründung der „Freien Offiziere" im Irak

1957	Saud stimmt anti-kommunistischer Eisenhower-Doktrin zu, wonach die USA im Nahen Osten eingreifen dürfen, wenn die „Unabhängigkeit eines Landes bedroht ist"

1958	Vereinigung von Syrien und Ägypten zur VAR

(Vereinigte Arabische Republik). Auch der Nordjemen tritt bei

Irak geht als Reaktion auf die VAR eine Föderation mit dem reaktionären Jordanien ein. Sturz der Monarchie, Irak wird Republik

1961 Iraks Führung beginnt Krieg gegen die Kurden

Reaktionärer Militärputsch in Syrien. Vereinigung mit Ägypten aufgelöst

1963 Neuer Militärputsch bringt die Baath-Partei in Syrien an die Macht. Auch im Irak putschen Militärs, die Baath übernimmt hier aber nur kurzzeitig die Macht

Beginn der Erdölgewinnung in Dubai

1964 In Jerusalem gründen Palästinenser die PLO

1967 Maßnahmen zur Nationalisierung des Erdöls im Irak

Volksrepublik Südjemen proklamiert

Im Sechs-Tage-Krieg beschert Israel den arabischen Staaten eine schwere Niederlage

1968 Baath-Repräsentant Ahmed Hassan al-Bakr wird Präsident im Irak

1969   Palästinensische Nationalversammlung wählt Jassir Arafat zum PLO-Chef

1970   Hafez al-Assad übernimmt in Syrien die Staatsführung. In Jordanien greift die Armee PLO-Truppen an. Die Palästinenser müssen nach Syrien und Libanon ausweichen

Nasser stirbt an einem Herzinfarkt